NOSSOS PASSOS VÊM DE LONGE
O ENSINO DE HISTÓRIA NA CONSTRUÇÃO DE UMA EDUCAÇÃO ANTIRRACISTA E DECOLONIAL

Editora Appris Ltda.
1.ª Edição - Copyright© 2025 da autora
Direitos de Edição Reservados à Editora Appris Ltda.

Nenhuma parte desta obra poderá ser utilizada indevidamente, sem estar de acordo com a Lei nº
9.610/98. Se incorreções forem encontradas, serão de exclusiva responsabilidade de seus organi-
zadores. Foi realizado o Depósito Legal na Fundação Biblioteca Nacional, de acordo com as Leis nºs
10.994, de 14/12/2004, e 12.192, de 14/01/2010.

Catalogação na Fonte
Elaborado por: Dayanne Leal Souza
Bibliotecária CRB 9/2162

P522n 2025	Peçanha, Josiane
	    Nossos passos vêm de longe: o ensino de história na construção de uma educação antirracista e decolonial / Josiane Peçanha. – 1. ed. – Curitiba: Appris, 2025.
	    163 p. : il. ; 23 cm. – (Coleção Ciências Sociais – Seção História).
	
	    Inclui referências.
	    ISBN 978-65-250-7184-8
	
	    1. Ensino de história. 2. Educação antirracista. 3. Relações étnico-raciais. 4. Educação decolonial. 5. Educação infantil. I. Peçanha, Josiane. II. Título. III. Série.
	
	                                                                                    CDD – 370.111

Livro de acordo com a normalização técnica da ABNT

Appris
editora

Editora e Livraria Appris Ltda.
Av. Manoel Ribas, 2265 – Mercês
Curitiba/PR – CEP: 80810-002
Tel. (41) 3156 - 4731
www.editoraappris.com.br

Printed in Brazil
Impresso no Brasil

JOSIANE PEÇANHA

NOSSOS PASSOS VÊM DE LONGE
O ENSINO DE HISTÓRIA NA CONSTRUÇÃO DE UMA EDUCAÇÃO ANTIRRACISTA E DECOLONIAL

Appris editora

Curitiba, PR
2024

FICHA TÉCNICA

EDITORIAL
Augusto Coelho
Sara C. de Andrade Coelho

COMITÊ EDITORIAL
Ana El Achkar (Universo/RJ)
Andréa Barbosa Gouveia (UFPR)
Antonio Evangelista de Souza Netto (PUC-SP)
Belinda Cunha (UFPB)
Délton Winter de Carvalho (FMP)
Edson da Silva (UFVJM)
Eliete Correia dos Santos (UEPB)
Erineu Foerste (Ufes)
Fabiano Santos (UERJ-IESP)
Francinete Fernandes de Sousa (UEPB)
Francisco Carlos Duarte (PUCPR)
Francisco de Assis (Fiam-Faam-SP-Brasil)
Gláucia Figueiredo (UNIPAMPA/ UDELAR)
Jacques de Lima Ferreira (UNOESC)
Jean Carlos Gonçalves (UFPR)
José Wálter Nunes (UnB)
Junia de Vilhena (PUC-RIO)

Lucas Mesquita (UNILA)
Márcia Gonçalves (Unitau)
Maria Aparecida Barbosa (USP)
Maria Margarida de Andrade (Umack)
Marilda A. Behrens (PUCPR)
Marília Andrade Torales Campos (UFPR)
Marli Caetano
Patrícia L. Torres (PUCPR)
Paula Costa Mosca Macedo (UNIFESP)
Ramon Blanco (UNILA)
Roberta Ecleide Kelly (NEPE)
Roque Ismael da Costa Güllich (UFFS)
Sergio Gomes (UFRJ)
Tiago Gagliano Pinto Alberto (PUCPR)
Toni Reis (UP)
Valdomiro de Oliveira (UFPR)

SUPERVISORA EDITORIAL
Renata C. Lopes

PRODUÇÃO EDITORIAL
Adrielli de Almeida

REVISÃO
Viviane Maffessoni

DIAGRAMAÇÃO
Bruno Ferreira Nascimento

CAPA
Lívia Weyl

REVISÃO DE PROVA
Bianca Pechiski

COMITÊ CIENTÍFICO DA COLEÇÃO CIÊNCIAS SOCIAIS

DIREÇÃO CIENTÍFICA
Fabiano Santos (UERJ-IESP)

CONSULTORES
Alícia Ferreira Gonçalves (UFPB)
Artur Perrusi (UFPB)
Carlos Xavier de Azevedo Netto (UFPB)
Charles Pessanha (UFRJ)
Flávio Munhoz Sofiati (UFG)
Elisandro Pires Frigo (UFPR-Palotina)
Gabriel Augusto Miranda Setti (UnB)
Helcimara de Souza Telles (UFMG)
Iraneide Soares da Silva (UFC-UFPI)
João Feres Junior (Uerj)

Jordão Horta Nunes (UFG)
José Henrique Artigas de Godoy (UFPB)
Josilene Pinheiro Mariz (UFCG)
Leticia Andrade (UEMS)
Luiz Gonzaga Teixeira (USP)
Marcelo Almeida Peloggio (UFC)
Maurício Novaes Souza (IF Sudeste-MG)
Michelle Sato Frigo (UFPR-Palotina)
Revalino Freitas (UFG)
Simone Wolff (UEL)

Vozes-Mulheres

A voz de minha bisavó ecoou criança nos porões do navio.
ecoou lamentos
de uma infância perdida. A voz de minha avó ecoou obediência
aos brancos-donos de tudo. A voz de minha mãe ecoou baixinho revolta no fundo
das cozinhas alheias debaixo das trouxas roupagens sujas dos brancos pelo caminho
empoeirado rumo à favela
A minha voz ainda ecoa versos perplexos com rimas de sangue e fome.
A voz de minha filha recolhe todas as nossas vozes recolhe em si as vozes mudas
caladas engasgadas nas gargantas.
A voz de minha filha recolhe em si
a fala e o ato. O ontem – o hoje – o agora.
Na voz de minha filha se fará ouvir a ressonância
O eco da vida-liberdade

(Conceição Evaristo)

AGRADECIMENTOS

A Deus e/ou Zambi a minha gratidão eterna! Aos meus familiares, meus pais e, principalmente, aos meus filhos, Luis Eduardo e Maria Rita.

Agradeço às orientadoras, professoras doutoras, Camilla Agostini e Helena Araújo, que me deram toda a orientação necessária para conseguir resistir e concluir o presente trabalho, que espero, com muito amor no sentido político, que contribua para professores e professoras, alunos e alunas, na realização de uma educação antirracista e decolonial, tão importante para todos nós, principalmente para negros e negras.

Também agradeço aos professores doutores Amilcar Pereira, da UFRJ, pela "pajelança", pelas leituras e aulas; ao Luiz Fernandes, da UFRRJ, pelas leituras e ponderações finais, o meu muito obrigado a ambos. À professora doutora Larissa Vianna, aos professores doutores Everardo Paiva e Marcos Barreto, todos da Universidade Federal Fluminense, pelos aprendizados tão presentes também neste estudo. À professora doutora Martha Abreu, a primeira professora que me abraçou na vida escolar, no mestrado, ao me consolar quando eu vi a "Bakita", no Instituto Pretos Novos, quando realizamos a aula-passeio pela Pequena África, no Cais do Valongo, Rio de Janeiro. Além de todos os aprendizados que tive com esta professora, este momento foi muito marcante na minha vida acadêmica e na minha memória afetiva, foi a principal inspiração para a discussão sobre as relações existentes entre afeto e pertencimento em sala de aula.

Assim também para com meus amigos de mestrado, ao grupo "Odara", todos vocês: lembro da Carolina, Érika, Élida, Fábio Oliveira, Fabíola, Fabrício, Flávio, Fernanda, Napoleão etc. Todos vocês me ensinaram muito, principalmente sobre os conhecimentos iniciais em História, dando excelentes dicas de leitura para complementar os meus conhecimentos. O meu muito obrigada!

Dedico aos professores e alunos das escolas públicas, com amor, no sentido político.

APRESENTAÇÃO

O livro *Nossos passos vêm de longe: o ensino de História para a construção de uma educação antirracista e decolonial* é um presente singular que Josiane Nazaré Peçanha de Souza nos oferece. Neste, a autora reflete teórico-metodologicamente sobre como o ensino de História pode se desenvolver, junto às alunas e aos alunos da educação infantil, como um eixo articulador curricular trans e interdisciplinar para a promoção de uma educação antirracista e decolonial.

Josiane Peçanha reafirma o potencial do ensino de História para o combate aos racismos à brasileira. Racismo estrutural que também se faz presente na educação básica brasileira e na sociedade como um todo.

A autora nos apresenta seus estudos teóricos originados em sua pesquisa de campo e aprofundados no mestrado Profissional de Ensino de História (PROFHISTÓRIA) da UERJ, mas principalmente oriundos de sua militância como mulher negra, professora e ativista política e dos movimentos sociais contra os racismos e pela educação antirracista especialmente nas escolas. Apresenta como objetivos principais de sua pesquisa estudos de práxis antirracistas e/ou decoloniais desenvolvidas por algumas professoras e a partir de seu próprio fazer e saberes.

Portanto, este livro nos mostra os estudos e pesquisa sobre a atuação de três professoras negras da educação infantil em três unidades escolares públicas de um município localizado no estado do Rio de Janeiro, sendo a primeira numa zona periférica e as demais numa região mais central da cidade. A autora se ancora também em várias referências do pensamento decolonial para refletir e propor ações educativas na dimensão da educação antirracista e decolonial na educação infantil. Esse trabalho se delineia no campo da pesquisa qualitativa com inserção nas experiências e práticas pedagógicas de docentes através de observações qualificadas e entrevistas às educadoras pesquisadas.

Ao propor o estudo das histórias/ memórias de cada estudante e de suas famílias pela ancestralidade através da "Mala de História", a autora pretende com a construção das memórias dos pais e avós desses alunos e alunas, desenvolver uma consciência crítica que envolva não só os pequeninos estudantes, como todas as famílias participantes numa espécie de rede educativa (ALVES, 1999) através do universo cultural. Tudo isso foi proposto atravessado pela dimensão de se estabelecer uma (re)educação das relações étnico-raciais para a construção de uma educação antirracista, etnoeducadora e decolonial na educação infantil.

Portanto, Josiane Peçanha nos abrilhanta com essa discussão visceral de combate ao racismo no Brasil e apresenta sua pesquisa esmiuçada cuidadosamente em três capítulos, além do prefácio, introdução, conclusão e referências bibliográficas. Não se furta e corajosamente – como é sua marca de mulher negra militante e educadora comprometida com as causas de combate ao racismo e da luta pela educação antirracista – propõe práticas pedagógicas lúdicas e significativas para se desenvolver uma educação antirracista com os pequeninos seres humanos, que em breve estarão protagonizando suas próprias vidas em escala maior junto à nossa sociedade. Para isso, apresenta um primeiro capítulo baseado na discussão do chamado racismo à brasileira e todos os subterfúgios inerentes a essa prática e ideologia criminosa. Neste capítulo também aborda lutas e resistências negras e como o racismo é uma construção histórica, além de desdobrar os efeitos da lei 10.639/03 nas escolas e conceituar o que chama de educação antirracista, educação para as relações étnico--raciais e etnoeducação. Nos itens finais desta parte do livro apresenta sugestões teórico-metodológicas para o ensino de história escolar e da cultura afrodescendente para os pequenos/grandes aprendizes. Com isso conclama o poder transformador de uma educação baseada em Paulo Freire (1996), tendo como eixos básicos o afeto e o diálogo para o empoderamento identitário de grupos subalternizados.

Já o segundo capítulo é onde apresenta o "coração"/cerne de sua pesquisa, o questionamento sobre a possibilidade de se construir uma educação antirracista e/ou decolonial na educação infantil a partir e com o ensino de História para crianças da educação infantil. Nessa cartografa analisa os três campos de pesquisa das instituições educacionais em que pesquisou e os dados das entrevistas feitas às professoras. Produz assim, escavações epistemológicas e metodológicas (MIRANDA; RIASCOS, 2016) na busca por cartografar uma trilha eficiente no combate aos racismos de toda ordem desde a tenra idade de nossos estudantes. Identifica caminhos teóricos-metodológicos para materializar a lei 10639/03 através da construção de uma educação transgressora, antirracista e decolonial. É neste momento do livro que analisa os trabalhos feitos pelas professoras negras que fazem parte de seu estudo.

O terceiro capítulo e último é onde, corajosamente, após a crítica pertinente à educação tradicional que vem sendo feita nas creches brasileiras em geral, se coloca e faz a apresentação de proposta teórica--metodológica denominada "Mala de História: nossos passos vêm de longe: quando a história vem de casa". Em seguida, vêm a conclusão e referências, como de praxe.

Mesmo vivendo no século XXI, após inúmeras lutas e resistências, continuamos sofrendo no mundo e no Brasil as demandas e explorações causadas pela globalização capitalista financeira, especialmente os mais atingidos por tais políticas econômicas, ou seja, as populações periféricas – particularmente, os grupos afrodescendentes e os povos originários.

Os princípios do neoliberalismo são difundidos nas mídias, assim como as *fake news* como "verdades", o uso irresponsável destes nos fazem refletir sobre a importância de prepararmos cada vez mais cedo nossos estudantes e jovens para o combate aos fascismos de toda a ordem, como braços de uma política capitalista neoliberal desumana, racista e avassaladora sob grupos subalternizados. Daí a importância de pesquisas com a de Josiane Peçanha que coloca a "mão na massa, o dedo na ferida" e para além dos estudos acadêmicos, apresenta caminhos teóricos- metodológicos de práticas pedagógicas de enfrentamento aos racismos em nossa sociedade fluminense, em nosso país e em nosso planeta.

A aplicação de políticas neoliberais em vários países, especialmente da América Latina, África e alguns lugares da Ásia, seguindo orientações de organismos internacionais do capitalismo financeiro, aumentou a concentração de riqueza e a desigualdade social nos últimos anos, intensificando-se tal empobrecimento da maioria da população mundial após a pandemia da COVID 19. Em contrapartida, vemos algumas práticas políticas e sociais que buscam e escolhem outros modos de ver a realidade, outras formas de bem viver, outras formas de solidariedade, outros paradigmas educacionais e epistemológicos, concepções históricas não hegemônicas, práticas sociais e políticas outras baseadas numa racionalidade não capitalista (DUSSEL, 1994) e na construção de memórias e histórias cartografadas por escavações teóricas e metodológicas fortemente trilhadas pelos grupos afrodiaspóricos e ameríndios em contextos periféricos urbanos e rurais.

O livro de Josiane Peçanha é um convite de leitura e uma aposta nessas novas matrizes curriculares, que apontam possíveis caminhos para enfrentamento do racismo através de resistências outras e resiliências. Busca construir novos saberes e fazeres, romper verticalizações históricas em prol de justiça social, justiça racial e justiça epistemológica. A autora, em suas práticas pedagógicas e sua pesquisa, procura "re-existir" e "resistir", como nos propõe Walsh (2013), cartografando novas práticas pedagógicas antirracistas e decoloniais, especialmente para a educação infantil.

Boa leitura!

Rio de Janeiro, junho de 2024.

Helena Maria Marques Araújo

Referências

ALVES, Nilda. O sentido da escola. Rio de Janeiro: DP&A, 1999.

DUSSEL, Enrique. DUSSEL, Enrique. El encubrimiento del otro. Hacia el origen del mito de la modernidad. La Paz: Plural Editores – Centro de Información para el desarollo – CID, 1994.

FREIRE, Paulo. Pedagogia da autonomia: saberes necessários à prática educativa. São Paulo: Paz e Terra, 1996. (Coleção Leitura)

MIRANDA, Claudia; RIASCOS, Fanny Milena Quiñónes. Pedagogias Decoloniais e Interculturalidades: Desafios para uma Agenda Educacional Antirracista. Educação em Foco, Juiz de Fora, v. 21, n. 3, p. 545-572, 2016.

WALSH, C. (org.). Pedagogías Decoloniales: prácticas insurgentes de resistir, (re) existir y (re)vivir. 1 ed., Equador: Abya Yala, v. 1, p. 15-18, 2013.

PREFÁCIO

Nos agradecimentos desse livro, Josiane lembra um abraço que recebeu da professora Martha Abreu, ao se emocionar em uma visita à Bakita, no Instituto dos Pretos Novos, região do Cais do Valongo, no Rio de Janeiro. Lembro desse relato quando ela me contou o caso em nosso primeiro encontro, na Universidade do Estado do Rio de Janeiro. Ela disse, comovida, que esse tinha sido o primeiro abraço que recebera de uma professora na sua trajetória escolar-acadêmica, no mestrado. Fiquei impressionada com o relato e como isso a marcou. Pensei também sobre a minha relação com estudantes de graduação, refletindo se uma distância segura dos corpos de estudantes seria apenas uma garantia de respeito, assim como de qual o lugar da dimensão afetiva na relação professores-alunos, particularmente na trajetória de vida de crianças e jovens negras e negros.

O exercício do afeto é uma prerrogativa do exercício docente? O afeto físico na relação professores e estudantes é um tabu? São perguntas que inquietam e, ao mesmo tempo, lembram de como a questão pode ser um fantasma silencioso e silenciado pelo medo de uma espécie de porvir de escândalos de abuso. Nos colocam também à prova, sobre o quanto podem esconder sentimentos racistas profundamente introjetados.

A primeira vez que Josiane me mostrou as experiências que teve como professora na educação infantil e de jovens e adultos, para pensar o que desenvolver na dissertação junto ao mestrado Profissional em Ensino de História (Profhistória-UERJ), fiquei entusiasmada com suas ideias, criatividade, mas, sobretudo, com seu engajamento político para a construção de caminhos firmes, seguros e prósperos para crianças e jovens negras e negros. Caminhos que começavam muitas vezes tendo que desconstruir uma série de mazelas criadas pela experiência social do racismo no Brasil. Josiane queria saber como o ensino de História poderia oferecer tais caminhos para crianças em escolas públicas, assim como para suas famílias e mesmo para professores, no que diz respeito às suas identidades raciais e subjetividades. As noções de afeto e de pertencimento me parecem terem sido chaves nas suas experiências.

De todas elas, a que mais me impactou na tentativa de responder a essa pergunta foi a defesa do afeto na sala de aula, entendendo o amor como ato político. De como seria possível pensarmos projetos para uma reeducação nas relações entre brancos, negros e descendentes indígenas, considerando experiência tão silenciosa e devastadora do racismo no Brasil.

Nesse trabalho, a autora se dedica ao desenvolvimento de práticas educativas que potencializam a descoberta e a valorização da negritude e da afrodescendência, questionando processos educativos racistas e excludentes para alunos negros, tantas vezes humilhados, subestimados e inferiorizados no ambiente escolar, fazendo crescer a evasão. Combate posturas e metodologias que mobilizam o sentimento de revolta, a experiência corriqueira da expulsão e mesmo do genocídio.

Josiane também compartilha com leitores experiências e aprendizados no ambiente acadêmico, seja pela sua formação como pedagoga e sua atuação na sala de aula, seja pelo desenvolvimento dessa dissertação de mestrado. O aprofundamento teórico e os debates com professores, colegas e a bibliografia marcam a importância da formação acadêmica em diálogo com a luta junto a movimentos sociais. O trabalho de Josiane nos mostra como essas duas esferas podem e devem dialogar, criando professores como intelectuais transformadores das realidades em que vivem.

Vale lembrar que esse posicionamento é, em primeira instância, o cumprimento da lei. Quando desenvolvemos práticas que promovem "discriminação ou preconceito de raça, cor, etnia, religião ou procedência nacional" (Lei 7.716/1989) estamos ferindo uma resolução nacional que combate crimes de racismo, ratificada com o "aumento da pena para a injúria relacionada a raça, cor, etnia ou procedência nacional" (Lei 14.532/2023).

Josiane nos lembra de como o impacto de metodologias e de posturas negligentes ou irresponsáveis no ambiente escolar afeta psicologicamente crianças e jovens negras e negros, minando sua autoestima e sua energia para autodefesa e luta contra as inúmeras barreiras sociais que garantem privilégios aos brancos. Quando a autora diz que esse trabalho tem um caráter decolonial, está questionando o colonialismo de uma tradição eurocêntrica, legitimado pelo domínio branco que determina quem pode ter uma vida digna, plena, e quem pode existir com integridade – do ponto de vista físico, psicossocial, afetivo, econômico e político. Sendo fundamental a sua contrapartida: permitir a criação de um novo horizonte epistemológico e parâmetros para práxis com a valorização de conhecimentos, modos de vida, de pensar e de ser que são múltiplos através de uma educação antirracista.

A presença de professores como intelectuais e agentes de transformação nas escolas faz parte de uma política de reparação que o país deve às populações negras e indígenas, pela dramática história social de experiência do racismo, que a autora destrincha didaticamente para os leitores. Para esse enfrentamento, Josiane desenvolveu a dissertação de mestrado, munindo-se de elementos para o trabalho com memórias e identidades coletivas de grupos historicamente silenciados e excluídos. Parte também do princípio de que as perspectivas dos alunos no processo da História escolar, na educação básica e pública, é via fundamental para uma análise crítica da realidade.

Com esse escopo, a autora apresenta três práxis antirracistas, desenvolvidas por três professoras dedicadas à educação infantil em escolas públicas de um município do Estado do Rio de Janeiro, localizadas em uma região periférica e duas centrais. São relatos de projetos educativos desenvolvidos por professoras negras, com o objetivo de observar como o ensino de História pode potencializar uma educação à luz das leis 10.639/2003 e 11.645/08 que defendem a importância do ensino de História e Cultura Afrobrasileira, Africana e Indígena na construção e fortalecimento de identidades raciais. Os nomes das pessoas, unidades escolares, a localização exata dos bairros e das localidades das instituições são preservados por questões éticas, mas nos permitem acompanhar fronts de uma educação antirracista.

Por fim, como arqueóloga não posso deixar de notar como a dimensão material é potente nos trabalhos, como no caso da Mala de Histórias, no diálogo com as Artes Visuais, na história das bonecas Abayomis, ou mesmo no olhar para os próprios corpos. Referentes concretos da realidade são pontes importantes para conduzir crianças ao universo abstrato da reflexão. A arte Adinkra que acompanha todo o livro, produzida pelo povo Arkan na África Ocidental, também pode ser considerada uma dimensão material especial dele próprio, o livro, que o leitor agora recebe. Ela nos permite contemplar ao longo da leitura valores filosóficos de sabedoria tradicional em Gana e na Costa do Marfim e expressões gráficas desses saberes. Chamam a atenção de como histórias em países africanos nos ensinam a pensar o mundo de maneiras diferentes, por exemplo, integrando arte, pensamento, tradição, espiritualidade, saúde e poder em coisas e gestos do cotidiano, seja dentro ou fora do ambiente escolar. Como defende Josiane, esse dever de memória é "um legítimo e urgente dever de justiça".

Rio de Janeiro, inverno 2024.

Camilla Agostini

SUMÁRIO

INTRODUÇÃO 21

CAPÍTULO 1
RACISMO À BRASILEIRA, LUTAS E RESISTÊNCIAS NEGRAS 29

1.1 "Nossos passos vêm de longe": a construção da lei 10.639/03 42

1.2 Como fica(m) a(s) identidade(s) negra(s) 53

1.3 Conceitos de Educação Antirracista, Educação das Relações étnico-raciais e Etnoeducação 58

    1.3.1 Afinal, o que é Educação Decolonial? 58

    1.3.2 E o que é uma Educação Antirracista? 61

    1.3.3 O que seriam Educação das relações étnico-raciais e a Etnoeducação? 63

1.4 O Ensino de História Escolar e de história e cultura afrobrasileira e africana e o papel da professora 68

1.5 Relações de afeto e pertencimentos em sala de aula: um diálogo necessário... 79

CAPÍTULO 2
É POSSÍVEL DESENVOLVER UMA EDUCAÇÃO ANTIRRACISTA OU DECOLONIAL A PARTIR DO ENSINO DE HISTÓRIA NA EDUCAÇÃO INFANTIL? CASOS DE TRÊS ESPAÇOS EDUCACIONAIS DISTINTOS 89

2.1 Entrando na roda de Histórias: principais aportes teóricos elencados 90

2.2 Por uma educação transgressora: antirracista e decolonial 94

    2.2.1 O antes e depois do Projeto 98

2.3 Quando a lei 10.639/03 vira currículo na educação infantil 109

2.4 Ubuntu, "eu sou porque nós somos": antirracismo numa Creche universitária 119

2.5 Entrelaçando lutas: análises sobre os trabalhos educativos realizados pelas professoras negras 129

CAPÍTULO 3
APRESENTANDO A MALA DE HISTÓRIAS: "NOSSOS PASSOS VÊM DE LONGE: QUANDO A HISTÓRIA VEM DE CASA" 139

CONCLUSÃO 143

REFERÊNCIAS 153

INTRODUÇÃO

Este livro é uma adaptação da dissertação homônima, apresentada como pré-requisito para obtenção do título de mestre de ensino de História, junto ao Programa Nacional do ProfHistória, pelo departamento de História da Universidade Estadual do Rio de Janeiro. O presente trabalho pretende refletir teórico-metodologicamente sobre como o ensino de História pode se desenvolver, junto aos alunos da Educação Básica, especificamente da Educação Infantil, como eixo articulador curricular trans e interdisciplinar para a promoção de uma Educação antirracista e decolonial. O ensino de História apresenta potencial de ser fundamental no combate aos racismos à brasileira, que também se fazem presentes na Educação Básica brasileira. Para observarmos essa importância, teremos como principais objetos de estudo práxis antirracistas e/ou decoloniais desenvolvidas por mim e por outras professoras negras que atuam na Educação Infantil em unidades escolares públicas de um município localizado no estado do Rio de Janeiro, a primeira numa zona periférica e as demais numa região mais central da cidade.

O objeto de estudo, portanto, são três práxis ou projetos educativos, desenvolvidos por professoras negras, em três espaços institucionais públicos distintos que permitem uma pesquisa qualitativa[1] para observar o ensino de História como potencializador de uma Educação Antirracista e Decolonial na Educação Infantil. O primeiro caso analisado é fruto de observação participante, com contato direto com os espaços educativos, numa observação natural (OLIVEIRA, 2016), pois faço parte do processo desenvolvido junto a uma turma de Educação Infantil, juntamente com outra professora negra. Serão retomadas fontes primárias para analisar todos os trabalhos desenvolvidos também pela outra professora que atuava comigo. A localidade da escola era periférica.

---

[1] "[...] conceituamos pesquisa qualitativa como sendo um processo de reflexão e analise da realidade através da utilização de métodos e técnicas para a compreensão detalhada do objeto de estudo em seu contexto histórico e/ou segundo sua estruturação. Esse processo implica estudos segundo a literatura pertinente ao tema, observações, aplicações de questionários, entrevistas, análises de dados, que deve ser apresentada de forma descritiva [...]" (OLIVEIRA, Maria Marly de. 2016, p. 37).

Foi utilizada como metodologia de estudo a observação partici-pante de modo artificial, pois me integrei ao grupo apenas para realizar a pesquisa, na unidade infantil das professoras Leona e Izadora e da creche universitária da professora Jovelina. As outras duas práxis serão de três outras professoras negras que atuam junto à Educação Infantil: duas que atuam em outra escola municipal e uma que atua junto a uma creche universitária, ambas localizadas numa zona central da cidade. Também lancei mão de questionários e entrevistas, junto às professoras envolvidas, de todos os espaços de educação infantil pesquisados, para inicialmente descrever, focalizar e selecionar os dados, de acordo com o objeto delimitado acima e para articular as teorias. Ainda foi realizada uma vasta pesquisa bibliográfica para respaldar o estudo que se pretende antirracista e decolonial.

Os nomes das unidades escolares serão preservados por questão ética, assim como a localização exata dos bairros e localidades de instituições.

O intuito também é o de observar como o ensino de História tem potência para se constituir como horizonte de desenvolvimento pleno de alunos das camadas populares (principalmente negros), assim como para o desenvolvimento de suas famílias e dos professores envolvidos, em suas identidades raciais e subjetividades. Surgiram os seguintes ques-tionamentos acerca desses trabalhos: o trabalho promove uma Educação das relações étnico-raciais, uma Educação Etnoeducadora e/ ou uma Educação Antirracista? Há uma reeducação nas relações entre brancos, negros e descendentes indígenas, ao desenvolvermos o projeto educa-tivo? Potencializa a reconstrução das identidades negras, por parte dos participantes? Configuram-se numa Educação Decolonial? Também será analisada a relevância das professoras serem negras e a relação entre afetos, amor (sidade) e pertencimentos negros.

Estas são as reflexões que este trabalho procurará responder, partindo da análise da história de constituição do "Racismo à Brasileira", assim como rememorar as resistências negras, recorrendo à Abdias Nascimento (1980; 2002; 2017), Amilcar Pereira (2013), Andrelino Campos (2007), Ana Luiza Flauzina (2008), Carolina Vianna Dantas (2012; 2013), Martiniano José da Silva (1986), Matheus Serva Pereira (2012), José Antônio Marçal (2012), Kabenguele Munanga (1999; 2002; 2004; 2006; 2008; 2013), Oracy Nogueira (1979; 2006), dentre outros. Refletirá sobre o ensino de história a contrapelo, mas na Educação Infantil, tendo como principal articulação teórica Ana Maria Monteiro (2010). E se essas práxis ou projetos educativos observados se distinguem por uma Educação Decolonial, articulando teoricamente os pensamentos de Luiz Fernandes e Vera Candau (2010), e também uma Etnoeducação, com Claudia Miranda e Quiñones Riascos (2000; 2016) e outros. O que ajudará a compreender como se manifesta o racismo e o antirracismo na Educação, recorrendo a autores como Eliane Cavalleiro (2001; 2004) e Petronilha Beatriz Gonçalves e Silva (2007).

Pretende-se, por meio deste estudo, potencializar, principalmente junto aos professores de História e demais professores, o quanto esta área de conhecimento tem potencial transformador nas relações socioculturais, principalmente junto às relações étnico-raciais, na constituição de um trabalho antirracista e etnoeducador (SANTOS, 2017): fortalecedor das identidades negras. E responde a necessidade urgente de dar voz e vez aos silenciados, ao outro colonizado para a construção de novas epistemologias, que mude o eixo geopolítico de construção de conhecimentos antes subalternizados e inferiorizados frente ao considerado verdadeiro e científico: o conhecimento eurocentrado. Portanto, como potencializador da necessidade de uma desobediência epistêmica, de um pensamento decolonial na Educação (OLIVEIRA; CANDAU, 2010).

Neste trabalho, procura-se potencializar caminhos de como o ensino de história pode ser transformador para fortalecer coletivamente negros e negras ao garantir construções de identidades raciais; ao estabelecer uma (re)educação das relações étnico-raciais, para a construção de uma Educação Antirracista, Etnoeducadora e Decolonial na Educação Infantil. A partir da reflexão sobre fatos históricos e ideologias difundidas ao longo da História do Brasil, assim como através da valorização de histórias e memórias outras nas salas de aula, nos currículos escolares, que o Racismo aqui se apresenta como grande sistema ideológico perpetuado estrutural, institucional e culturalmente.

Há uma legitimação do Racismo "Científico"[2], pelo mito da democracia racial e pela política de embranquecimento em nossa realidade brasileira. Estratégias ideológicas para suavizar e silenciar as graves desigualdades socioeconômicas e políticas observáveis entre brancos e

---

[2] Pseudo-científico, como nos mostra MUNANGA (2013), uma vez que foi provado geneticamente, a partir do século XIX, com estudos do cientista francês François Jacob, ganhador do Prêmio Nobel, que raça não existe biologicamente.

negros, vividas e recorrentes em nossa história e sociedade brasileira. Mas que com posicionamento político antirracista e decolonial, inspirados pelas resistências negras ao longo de nossa história, podemos potencializar transformações em nossa Educação Brasileira.

Cabe salientar que algumas práxis educativas selecionadas para a discussão nesse trabalho de pesquisa são potencializadas e fortalecidas com a implementação da Lei 10.639/2003 e da Lei 11.645/08. Leis que foram conquistadas, fruto de muitas lutas dos movimentos negros e indígenas brasileiros.

De minha parte, a escolha pelo desenvolvimento de uma Educação que potencialize também a descoberta da negritude e da afrodescendência, pelos alunos e, cada vez mais, para mim mesma: uma professora que também foi aluna, a vida inteira, da escola pública. Uma escolha comprometida de uma aluna que cursou escolas públicas, que vivenciou e observou processos educativos e metodologias racistas, excludentes para alunos negros, que eram humilhados, subestimados e inferiorizados, levando ao abandono, à revolta, à expulsão e ao genocídio de muitos de meus colegas de turma.

Escolha de uma professora negra que observa que as histórias, as memórias e as culturas negras sempre foram silenciadas e negadas, e que muitas dessas histórias e memórias só foram conhecidos por mim na idade adulta. Como professora, procuro trazer para a escola a outra História: a dos silenciados, do outro colonial, partindo das experiências e histórias inferiorizadas, pensando a partir das brechas da colonialidade, provocando a diferença colonial (MIGNOLO, 2008).

Portanto, de forma entrelaçada, a construção de projetos ou práxis educativas voltados para a temática negra e o processo de descoberta/construção de professoras negras serão mostrados através de trabalhos educativos sobre relações étnico-raciais, sobre etnoeducação, sobre antirracismo e educação decolonial. Projetos ou práxis educativas também antirracistas desenvolvidos por professoras negras, que foi desenvolvido com o estabelecimento de redes de solidariedades, ao respeitar o lugar de fala destas professoras, que explicam as escolhas individuais e/ou políticas pelas práxis educativas e decoloniais desenvolvidas e adotadas.

O trabalho será apresentado dialogando com alguns autores neomarxistas, mas principalmente com autores não marxistas, principalmente com os antirracistas e decoloniais. Com a discussão sobre a importância e a valorização da memória, com Ana Luiza Flauzina (2008) e Michael Pollack (1992). Trago ainda para a pauta reflexões sobre o racismo e antirracismo na educação, principalmente com a autora Eliane Cavalleiro (2001). E articulo a análise com autores sobre Educação Decolonial, principalmente Claudia Miranda e Fanny Milena Quiñones Riascos (2004; 2016), Luiz Fernandes de Oliveira e Vera Candau (2010), Mignolo (2008) e outros, para investigar o potencial dessas práxis para a construção de novas epistemologias, com desobediência epistêmica, como promotoras de uma Educação de agenda própria, decolonial, forjada pelos próprios subalternizados, nas escolas públicas em que pesquisei.

Ainda recorri aos autores que defendem o ensino de história escolar como campo de construção de conhecimentos, como Ana Maria Monteiro (2010), assim como autores que mostram a importância do ensino de História e Cultura Afrobrasileira e Africana para a construção de identidades raciais, como Kabenguele Munanga (2006, 2010, 2013), entre outros.

Além disso, dialoguei com Ivor Goodson (2007, 2008) no campo de currículo para estudar a figura do professor como "personalidade da mudança" (GOODSON, 2008) ou "intelectual transformador" (GIROUX, 1997). Capacitado para potencializar a construção de novas práxis de ensino antirracistas e/ou decoloniais. Será apresentado, portanto, o percurso de escolhas pelas professoras negras, discutindo o papel do professor através, também, do olhar de Antonio Gramsci (1982, 1991) e de Bell Hooks (2017), para potencializar a reflexão de como professoras ou professores também se constituem como intelectuais transformadores, orgânicos, construtores de conhecimentos.

O trabalho terá a seguinte organicidade: iniciará com a parte 1, cujo nome será "O Ensino de História e Cultura afrobrasileira e africana como ato político transformador: voltando ao passado para entender e mudar o presente, rumo a um futuro melhor", e em que haverá a discussão sobre Racismo à Brasileira, Lutas e Resistências negras, a fim de apresentar como se (re)produz o Racismo em nossa sociedade, suas origens, facetas, focando principalmente em sua discussão Institucional, Científica e Cultural e de como os negros e negras, em todo o Brasil, lutaram contra as formas de racismo na sociedade brasileira.

Articulo diversos autores, no subcapítulo 1.1.1, intitulado "Nossos passos vêm de Longe: a construção da lei 10.639/03", sobre quais as principais lutas e resistências ocorridas entre os séculos XVI e XIX. Analisamos como foi a construção das ações afirmativas, as leis 10.639/03 e 11.645/08, que obrigam o ensino de História e Cultura Afrobrasileira e Africana, estendendo a obrigatoriedade, na última lei, para os ameríndios brasileiros. E em 1.1.2 – "Como ficam a(s) Identidade(s) negra(s)" –, refletimos sobre o impacto das mais variadas formas de racismo à brasileira no Brasil sobre as identidades raciais.

No capítulo 1.2 serão apresentados os "Conceitos de Educação Decolonial, Educação Antirracista, Educação das Relações Étnico-raciais e Etnoeducação", a fim de apresentar as diferenças e intersecções existentes nos conceitos que são tratados no decorrer dos capítulos, principalmente na Parte 2. Esse capítulo está organizado em 1.2.1: "Afinal, o que é uma Educação Decolonial?"; 1.2.2: "E o que é uma Educação Antirracista?"; e 1.2.3: "O que seriam Educação das relações étnico-raciais e Etnoeducação?", recorrendo a vários autores para esmiuçar os conceitos.

O subitem 1.3 se concentrará no diálogo teórico, na apresentação do ensino de História escolar junto à Educação Básica, como campo legítimo de construção de conhecimento acerca do desenvolvimento de práxis educativas. Este tem como objetivo principal repensar o currículo que inclua de fato o ensino de História e Cultura Afrobrasileira e Africana, junto aos alunos das camadas populares, principalmente negros e negras. E tudo isso se refletirá sobre o papel do professor e da professora (negra) na construção desses novos conhecimentos.

Também há a discussão sobre o papel político de professores no capítulo 1.4: "Relações de afeto e pertencimentos em sala de aula: um diálogo necessário". Explicarei a importância de se desenvolver uma relação de afeto e de amor junto aos alunos negros e negras na escola pública, como um ato político, de (re)consquista sócio-histórica e política de nossa humanidade. Isso também é fundamental para o estabelecimento de elos e o desenvolvimento de identidades e solidariedades raciais, que ficaram comprometidas pelo sistema de escravização africana e sua herança.

Na parte 2, nos capítulos 2.1, 2.2, 2.3, 2.4 e 2.5, denominado "O Ensino de História como construtor de uma Educação Antirracista e Decolonial", serão analisadas práxis ou projetos educativos que estão ou foram desenvolvidos junto às turmas da Educação Infantil, mas que podem ser adaptadas ou desenvolvidas plenamente junto aos demais anos e modalidades. Também apresenta o ensino de história escolar como importante campo produtor de conhecimentos, frisando a sua importância principalmente junto ao ensino obrigatório de História e Cultura Afrobrasileira e Africana na Educação Infantil. Refletindo com os autores elencados para esta pesquisa sobre como este conhecimento é importante não apenas para negros e negras brasileiras, mas para o desenvolvimento de uma sociedade brasileira menos desigual, potencializando o alcance de igualdade racial e justiça social para todos os brasileiros. Analisaremos, além disso, como esses projetos ou práxis educativas são antirracistas, como promovem uma Educação das Relações étnico-raciais, se é etnoeducadora e, ainda, se são ou não promotoras de uma Educação decolonial.

No subitem 2.2, "Por uma Educação Transgressora: antirracista decolonial", será apresentado o projeto da Mala de Histórias, desenvolvido por mim e pela professora Vera Lúcia Rodrigues. Já no capítulo 2.3, "Quando a Lei 10.639/03 vira currículo na Educação Infantil", discuto o trabalho desenvolvido por duas professoras negras na Educação Infantil de outra escola municipal; e no 2.4 – "Ubuntu, eu sou porque nós somos: antirracismo numa creche universitária" – analiso o trabalho de uma professora, no formato de um projeto educativo chamado "Ubuntu". E essa parte 2 se concluirá no subcapítulo 2.5: "Entrelaçando lutas: análises sobre os trabalhos educativos realizados pelas professoras negras".

Na Parte 3, à guisa de conclusão, será apresentado o produto da mala de Histórias. "Nossos passos vêm de longe: quando a História vem de casa": será apresentada a metodologia decolonial e antirracista para motivar professores e professoras a construir um ensino de História outro. Para a construção de uma Educação Antirracista e Decolonial, partindo das Histórias e Resistências dos próprios alunos enquanto construtores de suas próprias histórias e memórias e que está apresentado no destaque do perfil pessoal do Instagram da autora: @josianepecanhajo.

E terminaremos com a conclusão e as referências bibliográficas. Por fim, esclareço que apresento uma arte Adinkra ao iniciar cada parte da dissertação e seus capítulos, sendo escolhida com a inspiração de cada discussão tecida em cada capítulo, subitem ou subcapítulo. Portanto, em cada abertura das partes e capítulos da tese será retratada uma simbologia Adinkra, que dialogará com o tema central tratado em cada sessão. Foi escolhida a partir da obra dos pesquisadores Elisa Lark e Luiz Carlos Gá (2009), autores do livro chamado Arte Adinkra.

A arte Adinkra é produzida pelo povo Arkan e se constitui por um conjunto de símbolos, talhados em madeira de cabaça e prensados sob tecidos, com uso de uma tintura vegetal chamada adinkra aduru. Retratam o sistema de valores filosóficos da sabedoria tradicional da civilização dos povos nos territórios de Gana e Costa do Marfim, no continente africano, ajudando a significar ainda mais que *nossos passos vêm de longe.*

CAPÍTULO 1

RACISMO À BRASILEIRA, LUTAS E RESISTÊNCIAS NEGRAS

Tamfo brebe: O inimigo vai ensopado em seu próprio ódio.

(Arte Adrinkra)

Para desenvolver essa reflexão sobre o processo de constituição do Racismo à Brasileira, analisaremos a sua constituição do século XVI até, aproximadamente, o início do século XIX. A fim de respaldar o combate ao Racismo necessário através do ensino de História e da atuação de professores na Educação Pública Brasileira, foram consutados autores, tais como: Abdias Nascimento (1968, 1981 e 2002), Ana Luiza Flauzina (2008), Andrelino Campos (2007), Martiniano José da Silva (1986), José Antônio Marçal (2012), Kabenguele Munanga (2013), Oracy Nogueira (2006), dentre outros.

A tentativa foi de analisar a singularidade do Racismo à Brasileira para, posteriormente, perceber até que ponto a Educação Brasileira foi/é influenciada por ele. Partindo do entendimento de que, para compreender como o Racismo está estruturado e institucionalizado, é preciso compreendê-lo histórica, social, cultural e politicamente, para conseguir combatê-lo na Educação.

O Racismo no Brasil é um grande sistema ideológico forjado por grupos que se consideram superiores a outros; um sistema complexo e multifacetado, com implicações e estruturações de caráter político, econômico, social e cultural. É um construto histórico-cultural que vai selecionando novos elementos e fazendo novas adaptações, à medida que são descobertas as suas estratégias de dominação em relação ao outro: como um camaleão, mudando constantemente sua cor, conforme metáfora de Abdias Nascimento (2017), muda de aspecto com a mudança do ambiente. Como nos diz Martiniano José Silva (1989, p. 27): "toma a forma do paternalismo, da cordialidade, da benevolência, da boa vontade, como se denomina mestiçagem, aculturação, assimilação [...]", acomoda--se aos contextos culturais, políticos, econômico e sociais em que ganha significância e concretude.

Esse camaleão tem como premissa fundamental hierarquizar as raças em superiores e inferiores, usando uma ampla gama de ideologias, inclusive uma dose generosa de etnocentrismo[3], e que são perpetuadas/tecidas junto ao senso comum, através de preconceitos e discriminações raciais, impondo regras socioculturais, políticas, filosóficas, religiosas e configurações de ordem econômica, a fim de segregar e dominar um determinado grupo ou segmento étnico-social, como inferior ao outro. Usa como critério a raça, como sendo a classificação dos grupos a partir de suas características físicas, principalmente da cor de pele, para determinar os lugares socioeconômicos e políticos muito bem definidos àqueles considerados como tal. Conforme nos explica também Silva (1986) ao referir-se inicialmente aos dicionários:

> Como se vê, o vocábulo racismo está dicionarizado e conceituado, exprimindo variadas conotações, mas mostrando sempre a inegável existência de um grupo racial superior segregando e dominando um outro segmento social, considerado inferior. Isto mostra também que a palavra raça, de onde deriva o vocábulo racismo, de tão baralhada e habilmente eufemizada e escamoteada, já nada mais quer dizer. Então, se fugirmos da elaboração de conceitos acadêmicos, já sabemos que há poucas palavras tão confusas quanto raça. É lógico que não foi por acaso que a baralharam tanto que já nada quer dizer. Governos e ideologias conservadores usaram e abusaram dela, através da história, para se defender

---

[3] Conforme nos explica Munanga e Gomes (2004), é preciso não confundir etnocentrismo com racismo. "Etnocentrismo é um termo que designa o sentimento de superioridade que uma cultura tem em relação às outras. Consiste em acreditar que os valores próprios de uma sociedade ou cultura particular devam ser considerados como universais, válidos para todas as outras. O etnocêntrico acredita que os seus valores e a sua cultura são melhores, os mais corretos e isso lhe é suficiente. Ele não alimenta necessariamente o desejo de aniquilar e destruir o outro, mas sim, de evita-lo ou até mesmo de transformá-lo ou convencê-lo, pois carrega em si a ideia de recusa da diferença e cultiva um sentimento de desconfiança em relação ao outro, visto como diferente, estranho ou até mesmo como um inimigo potencial" (MUNANGA e GOMES, 2006, p. 181).

e propagarem seus propósitos e realizações (*apud* RUFINO, 1980, p. 11). Foi assim que o racismo transformou-se em uma espécie de sistema ideológico dominador, dos mais poderosos. Um "elemento operativo da ordem mundial, psicossocial e cultural" dos mais potentados e eficientes, tornando-se, evidentemente, ainda mais poderoso quando auxiliado pelo imperialismo e pelo capital monopolista, elementos operativos de ordem econômica mundial (*apud.* NASCIMENTO, 1981), que formam os dois mais eficazes sistemas de dominação classista: o econômico e o psicos-social/cultural; funcionando juntos, de modo complexo mas íntimo, conseguem com rara habilidade, manter em seu lugar as camadas pobres, que são, historicamente, os negros e os indígenas.

Assim, é a meta do racismo [...] destruir e eliminar, ampla-mente, toda uma condição étnico-cultural de um outro povo, operando, então, se se deseja uma definição (*apud.* NASCIMENTO, 1981, p. 2324), como a interrupção violenta, a destruição e a distorção histórica da sociedade, da cultura, das aspirações e das realizações de um povo dominado. É a desumanização que justifica a dominação [grifos do autor] (SILVA, 1986, p. 23).

Segundo nos conta também Martiniano José Silva (1986), em 1449, em Toledo, na Espanha, já havia leis discriminatórias, denominadas como Ordenações do Reino. Segundo Silva (1986), os denominados "Estatutos da pureza do sangue", comuns entre os católicos do mundo todo ou os chamados estatutos-sentencia, antes de 1514 já eram modalidade típica do Direito Espanhol e foram incorporados à legislação portuguesa. Mais tarde, à legislação da colônia brasileira.

Os "civilizadores europeus descobriram" povos fisicamente dife-rentes deles pelo mundo, que logo foram classificados como primitivos: bestas, pois precisavam descender de Adão para serem considerados seres humanos, visto que estavam num regime teocêntrico de hegemonia no mundo. A Igreja Católica demonstrou, através de estudos bíblicos, que esses seres outros eram humanos, convertendo-os ao Cristianismo para se livrarem da "mancha do pecado". A Igreja, à posteriori, confirmou, através de sua doutrina, que os mesmos, por terem pele escura, descendiam de "Cam, os renegados da Terra Prometida", dando assim a sua benção, para o processo de escravização europeia.

É lembrar a lenda nascida no mito camítico entre os hebreus. Nela os negros africanos descenderiam de Cam, filho de Noé, que teria sido amaldiçoado pelo pai por causa de sua irreverência para com este último, em postura indecente. Por isso teria se destinado ao sofrimento tórrido e horrível do Continente Africano, como aliás assevera o livro bíblico: "Amaldiçoado seja Canaã; dos seus irmãos será o mais vil dos escravos (Gn 9, 18-27). Porém essa herança racista da tradição bíblica, judaico-cristã, forjada através da história de Cam, descendente de Noé, mais tarde apoiada pelas igrejas escravagistas-católicas e protestantes – tem origens ainda mais remotas, como está tirada dos escritos sábios talmúdicos do século sexto, portanto centúrios antes que dos europeus "descobrissem" a África (SILVA, 1986).

E a Abdias complementa:

Em verdade, o papel exercido pela Igreja Católica tem sido aquele de principal ideólogo e pedra angular para a institui-ção da escravidão em toda a sua brutalidade. O papel ativo desempenhado pelos missionários cristãos na colonização da África não se satisfez com a conversão dos "infiéis", mas prosseguiu, efetivo e entusiasmático, dando apoio, até mesmo à crueldade, ao terror desumano do tráfico negreiro [...] Cristianismo, em qualquer de suas formas, não constituiu outra coisa que aceitação, justificação e elogio da instituição escravocrata, com toda a sua inerente brutalidade e desumanização dos africanos (NASCIMENTO, 2002, p. 92- 93).

Vale ressaltar que apesar da discrepância em relação aos dados numéricos entre autores, aqui existiam aproximadamente 2,4 milhões de indígenas – há dados que chegam entre 4 e 5 milhões, conforme nos conta Ana Luiza Flauzina (2008, p. 54). Com a ajuda da conversão dos jesuítas, tomada de posse de territórios indígenas, o sistema mercantil impactou de forma genocida[4] sobre os indígenas material, física e culturalmente.

Segundo Munanga (2013), outra forma ideológica, que procurava postular como verdade absoluta as desigualdades socioeconômicas e políticas brasileiras que foram forjadas como advindas de uma condição limitadora, essencialmente de ordem biológica, foi fundamentada e

---

[4] Com o contato e o contágio de epidemias que não conheciam, além de guerras genocidas, em 1819 os ameríndios não passavam de 800 mil (FLAUZINA, 2008, p. 54).

defendida através da construção de um Racismo classificado como científico[5], nascido nos séculos XVIII e XIX.

O Racismo Científico distorcia conhecimentos científicos advindos do evolucionismo Darwinista, com nomes como o inglês Robert Knox, que começou a tecer o mito racial do gênio anglo-saxão e saxão, do francês Arthur de Gobineau, do filósofo inglês William Jones, assim como do filólogo Max Müller, que entre 1788 e 1878 contribuíram para a criação do mito racial ariano (raça branca pura e superior, incluindo a criação da língua ariana).

Nesse racismo científico havia, assim, como pano de fundo, uma finalidade ideológica, econômica e política. Afirmar a premissa de que haviam raças humanas inferiores e superiores, de acordo com a sua condição biológica, logo racial. Hierarquizando-as desta forma, pautadas principalmente em seus caracteres fenotípicos, mas também em aspectos culturais (certos sinais diacríticos tidos como expressões de civilização ou barbárie).

Com essa tese, assumiam a brancura como referencial de superioridade e, em decorrência disso, como o parâmetro do que deveria ser considerado como norma. Logo, quanto mais escura a cor da pele, mais inferior seria considerado o indivíduo humano; quanto mais escura a cor de pele, mais animalesco ou inferior seria na escala evolutiva humana, o que foi amplamente usado na defesa do processo de escravização mercantil europeia.

O maior problema causado à humanidade não está no conceito das raças humanas, já abandonado pela própria ciência biológica. Se os filósofos, naturalistas, biólogos e antropólogos físicos dos séculos XVII-XIX principalmente, tivessem limitado seus trabalhos à classificação dos grupos humanos em função das características físicas e dos

---

[5] Segundo nos resume Elaine Cavalleiro (2004), retomando outras leituras, tudo começou a partir da formulação clássica da evolução orgânica e biológica das espécies, descrito no livro A origem das espécies, de Darwin. Os campos da antropologia, com nomes como Sir James George Fraser, Sir Edward Burnett Tylor e o americano Lewis Morgan, formularam conceitos, tomando posse desses estudos, que uniformizavam a questão cultural e que dividiam a humanidade e seus momentos históricos, em diferentes estágios de evolução e desenvolvimento civilizatório, em que as diferenças foram transformadas em desigualdades e inferiorizações. Para atingir a civilização, os povos humanos passariam pelos determinados estágios: selvageria, barbárie e civilização. Com estes conceitos, passaram a hierarquizar racialmente a humanidade no século XIX, levando o nome de ciência, com destaque aqui no Brasil, a interferência ainda das postulações de Friedrich Ratzel e o conde Gobineau.

caracteres genéticos, eles não teriam causado nenhum mal à humanidade. Suas classificações teriam sido mantidas ou abandonadas como sempre acontece nos campos de conhecimentos científicos. Infelizmente, desde o início, eles se deram o direito, em nome de sua autoridade científica, de hierarquizar as chamadas raças, ou seja, de classifica-las numa escala de valores superiores e inferiores, criando uma relação intrínseca entre o corpo, os traços físicos, a cor de pele e as qualidades intelectuais, culturais, morais e estéticas. Assim os indivíduos da raça branca, por definição, portadores da pele mais clara, dolicocéfalos etc., foram considerados, em função dessas características, como mais inteligentes, mais inventivos, mais honestos, mais bonitos, etc. Consequentemente, os mais aptos para dirigir e até dominar as populações de raças não brancas- negra e a amarela-, principalmente negra de pele escura que, segundo pensam, tornava-as mais estúpidas, menos inteligentes, mais emotivas e, consequentemente, sujeitas a escravidão, colonização e outras formas de dominação e exploração. A hierarquização deu origem ao determinismo biológico que pavimentou o caminho do racismo científico ou racialismo. Essa hierarquização era considerada na época como uma ciência das raças, mas na realidade era uma pseudociência, porque seu conteúdo era mais doutrinário do que científico (MUNANGA, 2013, p. 181).

O teórico Oracy Nogueira (2006), procurando compreender a origem dos preconceitos raciais à brasileira e suavizando a existência do racismo, ao não enaltecer esse conceito e, portanto, a sua existência, formula socio-logicamente os conceitos de preconceito racial de origem, que, segundo ele, é mais presente nos Estados Unidos, e o preconceito racial de marca, que seria mais correlato ao que ocorre em nosso país. Explica:

Considera-se como preconceito racial uma disposição (ou atitude) desfavorável, culturalmente condicionada, em relação dos membros de uma população, aos quais se têm como estigmatizados, seja devido à aparência, seja devido a toda ou parte da ascendência étnica que se lhes atribui ou reconhece. Quando o preconceito de raça se exerce em relação à aparência, isto é, quando toma por pretexto para as suas manifestações, os traços físicos do indivíduo, a fisiono-mia, os gestos, o sotaque, diz-se que é marca, quando basta a suposição de que o indivíduo descende de certo grupo étnico, para que sofra as consequências do preconceito, diz-se que é origem (NOGUEIRA, 1979, p. 78-79).

O mito da democracia racial no Brasil recebeu influência das teorias evolucionistas, de muitos teóricos doutores e de teses pseudocientíficas, conforme nos mostra Munanga (2013). O racismo, contra negros e negras, alcança o seu ápice no momento em que estes passam a ser classificados pela ciência como inferiores, portadores de uma cultura atrasada, nivelando os negros brasileiros com a selvageria ou primitivismo, conforme nos mostra Clóvis Moura (1983) – quando enraíza suas bases científicas no século XIX.

Vendo os negros como fruto da degeneração humana do Brasil, destacamos os intelectuais: Silvio Romero, Francisco José Oliveira Viana[6], João Batista Lacerda[7]; e destacamos o papel crucial desempenhado pelo médico psiquiatra Nina Rodrigues (1938), que tem influenciado a nossa criminologia e nosso sistema penal, conforme nos conta Ana Flávia Flauzina (2008, p. 86-87) e Iolanda Oliveira e Sacramento (2013, p. 215).

O autor Nina Rodrigues relacionou características morfológicas, tidas como raciais, para criminalizar por questões somáticas: pelas descrições minuciosas e puramente ideológicas de comportamentos sociais e a partir de medidas do crânio, feições e outras partes do corpo, como fontes oriundas de doenças e criminalidade. Ideia esta que se perpetua dentro de nosso Sistema Criminal Brasileiro.

> Os ensinamentos da criminologia positivista, com os ranços do racismo expresso nas obras de autores renomados, como Nina Rodrigues, serão incorporados pedagogicamente nas práticas institucionais dos asilos, das penitenciárias, dos abrigos de menores, nos manicômios e da polícia. Nesse sentido, se a "par da criminalização, o sistema penal da

---

[6] Vale destacar o que nos conta também Silva (1986), que, no século XX, o historiador e formado em Direito, Francisco José Oliveira Viana, nascido em Saquarema e que fez carreira enquanto pesquisador e historiador em Niterói, no início de 1930, transforma o conceito de inferioridade africana em verdadeiro modelo e defendia abertamente, em suas obras e pesquisas. Assim como ao proferir suas frases mais célebres, que defendia ao contrário: a ideia que a mistura racial criaria uma raça plena em fraqueza e degenerescência. Defendendo as teses pseudocientíficas da época, que era repleta de preconceitos raciais, como que o sangue branco era o mais puro e refinado, afirmando que o homem do sul, por ser mais branco era o padrão de beleza, robustez da raça branca. Classificando os demais grupos, das outras regiões do Brasil, de matutos, degenerados, sertanejos.

[7] Segundo nos conta Abdias Nascimento (2017, p. 87), João Batista Lacerda, único delegado latinoamericano ao Primeiro Congresso Universal de Raças, realizado em Londres (1911), previu em sua tese que, em 2012, o Brasil alcançaria a extinção da raça negra.

Primeira República aprimora na vigilância, o faz por meio de um aparelho policial treinado por uma cartilha que coleciona discriminações. A disciplina "história natural dos malfeitores" lecionada na academia da polícia, dentre outros objetivos, procurava classificar os criminosos a partir de aspectos biopsicológicos, dá uma boa dimensão dos espaços de penetração da criminologia no sistema penal (FLAUZINA, 2008, p. 86-87, *apud*. ZAFFARONI, BATISTA, e outros, 2003, p. 458).

Segundo nos conta Flauzina (2008), o ideário da elite brasileira do século XIX era de se aproximar do padrão europeu; o índio era romantizado; o trabalhador imigrante europeu era a meta racial a ser alcançada; e os libertos e os escravos, africanos ou os nascidos no Brasil ("ingênuos") deveriam ser aniquilados em nosso país, através de um projeto genocida de Estado que se desenhava. Entendiam os seus defensores intelectuais, Burlamaque e José Bonifácio, que o convívio harmônico era impossível entre esses trabalhadores livres, sendo antiabolicionistas plenos. Portanto, Burlamaque, em 1837, proferiu essas palavras a respeito da teoria do embranquecimento:

> Não pense [...] que propondo a abolição da escravidão o meu voto seja de conservar no paiz a raça libertada: nem isto conviria de sorte alguma à raça dominante, nem tão pouco à raça dominada [...] Ainda de nós depende o estatuir hum modo de emancipação e deportação progressiva, de maneira que o mal diminua pacificamente por uma gradação lenta e insensível, e que os escravos sejam substituído pari pasu por trabalhadores livres e da raça branca. A imitação das que possuem os americanos-do-norte [Libéria], decretando fundos suficientes para a compra dom local, para transporte dos escravos libertados, compra dos instrumentos e utensílios necessários à sua subsistência no primeiro ano [...]. Além dos benefícios que devem resultar de nos livrarmos de uma tal praga; quem não vê n'estes estabelecimentos hum acto de grandeza e gloria para nosso paiz, e huma origem de commercio vantajoso! Grandeza e gloria, por que assim poremos de par com a Gram-Bretanha e a América do Norte, na grande obra de civilisação da África; de commmercio vantajoso, porque os generos produzidos n'estas Colonias servirão de objetode-troca para o que produz o nosso paiz, e portanto de hum commercio que deve tornar uma grande latitude com a África inteira, a quem estas

Colonias servirão de entreposto" (CAMPOS, 2007, p. 48, *apud* BURLAMAQUE, *apud* CUNHA, p. 85).

No Brasil, defesas em relação à superioridade/inferioridade das raças humanas, para justificar as graves desigualdades socioeconômicas e políticas, a hierarquização das raças e o branqueamento[8] da população como solução para o "problema negro" foram discursos raciais escolhidos por vários intelectuais brasileiros, tais como: Afrânio Peixoto, Antônio Candido, Roquete Pinto, Von Marthius (historiador premiado), Euclides da Cunha, Mário de Andrade e Monteiro Lobato, conforme nos mostram Abdias Nascimento (2017, p. 87), Carolina Vianna Dantas (2013, p. 137), Iolanda de Oliveira e Mônica Pereira Sacramento (2013, p. 212-213). Sendo presente também entre Instituições brasileiras renomadas, tais como: Instituto Histórico e Geográfico Brasileiro (IHGB), datado de 1839; o Instituto Arqueológico e Geográfico de Pernambuco (1862) e o Instituto Histórico e Geográfico de São Paulo (IHGSP), vigorando em 1894 (SP), assim como faculdades e centros de Medicina e Direito (OLIVEIRA E SACRAMENTO, 2013, p. 212, *apud*. SCWARCZ, 1993, p. 122).

A teoria do embranquecimento, que sofria influências desses pensamentos positivistas, provocou um hiato entre os negros, entre os pretos ou negros retintos e entre os pardos ou aqueles que possuem uma coloração de pele mais clara. Segundo Marçal (2013), geralmente os detentores da hegemonia racial permitem a mobilidade social de alguns escolhidos para tal, principalmente para aqueles que possuem um padrão de beleza e estética mais próximo do modelo eurocentrado, para maquiar a existência de racismo no país.

Mesmo assim, perpetuam claramente a exclusão dos negros nas esferas de poder e espaços decisórios do Estado e na sociedade civil como um todo. Com a contínua divulgação e repaginação de rótulos que negativam a imagem dos negros ininterruptamente, inclusive fazendo uso de seus aparatos de controle ideológico, como instituições de ensino, complexo de comunicações e o sistema criminal, por exemplo.

---

[8] A entrada dessas ideologias, nestas importantes instituições brasileiras, podemos inferir o refinamento final de um tipo peculiar de racismo, o institucional, no Brasil, que se transparece em preconceitos e discriminações raciais que interferem frontalmente nas relações e acessos das populações negras, inclusive aos serviços e bens de consumo, até o presente momento. Que seria: "O Racismo Institucional é entendido como práticas sutis de indivíduos e instituições, derivadas de um 'senso comum' e que naturaliza uma hierarquia racial. Ou seja, racismo institucional são comportamentos, visões e práticas decorrentes de uma cultura racista" (MARÇAL, 2013, p. 46).

Em segundo lugar, esta cultura racista afeta os negros negativamente. A reprodução e a difusão de estereótipos negativos para os negros contribuem para o desenvolvimento de uma baixa autoestima. Isso tem implicações direta nas interações objetivas (por exemplo na competição no mercado de trabalho e no desempenho escolar), bem como na constituição da identidade racial positiva. A intensa miscigenação combinada com a disseminação de estereótipos negativos leva muitos negros a "fugir" da identidade africana. Como exemplos desse fato, temos pesquisas no Brasil que apontam a dificuldade que muitos têm se autodeclararem como negros e que também há uma diferença entre pardos e pretos na renda e desempenho escolar, o que sugere que, quanto mais as pessoas se distanciarem do padrão africano (através da miscigenação ou interação inter-racial), mais chances elas têm numa sociedade que privilegia o padrão eurocêntrico. Isso pode ser a causa da ausência de uma "solidariedade racial" capaz de provocar significativas transformações sociais (MARÇAL, 2016, p. 44, *apud*. MUNANGA, 2008).

Segundo nos conta ainda Campos (2007, p. 52- 48), paralelo a essa discussão, houve um projeto de deportação que não se realizou, mas ocorreu intensa repressão da Polícia Imperial, pois muitos negros libertos foram para os campos, se prestando a realização de um trabalho precarizado. O período é marcado por intensa repressão policial, instruída e financiada pelo Estado Brasileiro, à sua corporeidade, inclusive de sua expressão musical e dança, como no caso da Capoeira, do Samba, do Jongo, da Congada, assim como a perseguição religiosa de matriz africana.

De acordo com Flauzina (2008, p. 56-57), ver o negro como um problema culminou no envio de pretos e pardos para lutarem na Guerra do Paraguai (1864-1870). Receberam a promessa de aquisição de terras para os vencedores que retornassem (o que acabou não acontecendo). Por outro lado, muitos foram abandonados desfalecidos, mutilados e vieram se refugiar no Morro da Providência, no Rio de Janeiro, por exemplo. Assim começa a vulnerabilidade da população negra, em que suas moradias eram localizadas nos lugares mais inóspitos, mais inapropriados, mais ameaçadores à vida. Configurava a existência de um Racismo Ambiental, que começou a ocorrer, na forma como conhecemos na atualidade, a partir do início do século XVIII, com o surgimento de cortiços e favelas, em cidades como o Rio de Janeiro, conforme nos ensina Andrelino Campos (2007).

Como nos conta Flauzina (2008, p. 76-77), "De 1860 a 1872, a população negra foi reduzida em um milhão de pessoas, em termos absolutos. As mortes causadas por uma guerra vista como a 'solução final para o problema do negro', usado nas frentes de batalha, também causou muitas mortes pela sobrecarga dos escravizados no aumento da quantidade de trabalho e pelas doenças contagiosas, entre os outros fatores". Uma explicação pertinente sobre esta questão:

> A guerra representou um processo brutal de arianização do Império, diminuindo os 45% de negros na população total em 1860 para 15% após a referida guerra. Assim, enquanto a população branca cresceu 1,7 vez, a negra diminui 60%, a contar-se dos quinze anos próximos à guerra (FLAUZINA, 2008, p. 77, *apud*. AZEVEDO, p. 75- 77).

Segundo Flauzina (2008) e Campos (2007), além da impactante percentagem de aproximadamente 60% da população negra exterminada durante os cerca de vinte anos anteriores ao processo de abolição da escravatura, como ponto crucial para favorecer o embranquecimento da população, temos que lembrar o número de imigrantes europeus que adentraram o país, tão pauperizados quanto os negros recém-libertos que aqui estavam, para colaborar com o projeto de nação, que o Estado Brasileiro investiu cifras nunca antes disponibilizadas para a população negra: construtora da riqueza do país.

Houve um investimento massivo em políticas públicas para o acolhimento dessa nova massa populacional branca, que substituiria, nos campos e nas cidades, nas plantações, nos cuidados com os bois, nos comércios e nas indústrias, legitimando o descarte da população negra recém-liberta, livre das mortandades em massa, dos açoites, das torturas, do trabalho intermitente sem descanso, entretanto, sem terra, sem moradia, sem emprego, sem dignidade, sem futuro. Vejamos os números dos imigrantes que entraram no país no trecho abaixo:

> A partir de 1850, as elites dominantes assumem uma política estratégica de estímulo à imigração europeia. De 1871 a 1920 ingressaram no país cerca de 3,4 milhões de europeus. Esse continente representa praticamente o número de africanos escravizados trazidos para o Brasil durante três séculos e meio de tráfico transatlântico. Para os europeus, foram concedidas ou vendidas a preços irrisórios terras férteis no Sul e no Sudeste no país, bem como providenciada a infraestrutura necessária

para sua acomodação, como escolas, estradas e ferrovias. Até mesmo recursos, como criação de loterias, foram implementados a favor dos imigrantes, visto que 'seria incomparável com os sentimentos de humanidade, e com o brio e honra nacional, que se deixem perecer à mingua os emigrantes portugueses". Com o argumento da substituição da mão-de-obra negra por trabalhadores mais qualificados, o incentivo à imigração europeia apareceu como política que teve o racismo entre suas motivações, numa tentativa de "clarear" o país (na substituição dos corpos negros pelos brancos) e fazer acreditar que, na mistura das raças, o elemento branco prevaleceria (FLAUZINA, 2007, p. 75-74, *apud.* ARAUJO, 2001, p. 319).

Paulatinamente, a toda essa política de imigração e embranquecimento, a todo esse novo projeto de nação, com a exclusão sumária dos negros, devemos mencionar aqui que os Governos Imperiais e da República Velha assinaram uma série de leis que ampliavam o tempo de uso e desuso econômico e político da escravização negra: primeiramente, a Lei Eusébio de Queiroz, de 1850, colocando fim ao tráfico de escravos, posteriormente, a Lei do Ventre Livre, de 1871, libertando os filhos das escravas; em segundo lugar, a Lei dos Sexagenários, de 1885, que libertou os escravos a partir de sessenta anos. Essa última foi considerada a Lei da Gargalhada Nacional, pois pouquíssimos negros e negras resistiam vivos até essa idade, frente a trabalhos ininterruptos com generosa dose de açoites, torturas e mortes. Por fim, a Lei Áurea, em 13 de maio de 1888 (FLAUZINA, 2008). Graças à pressão dos negros e brancos abolicionistas, o que contaremos no capítulo a seguir.

Porém, o que ganhou força foi o mito da democracia racial, outro construto ideológico mais moderno, com forte base sociológica, forjado a partir da farsa da Abolição da Escravatura brasileira, onde os negros alforriados em nada foram acolhidos e auxiliados por uma política pública estatal preocupada com oferta de trabalho e condições de vida dos mesmos. Forjada prática e teoricamente no seio da sociedade brasileira, com o seu principal teórico e defensor, Gilberto Freyre. Este é o autor da obra Casa Grande & Senzala, que foi lançada em 1933, mantendo por longos anos os negros brasileiros em seus lugares devidos.

O mito da democracia racial distingue-se pela ideia de que somos todos uma única raça humana e possuímos a mesma importância histórica em nosso país, logo, temos os mesmos direitos, oportunidades e tratamentos independente de nossa "marca" ou origem étnico-racial, oriundo da mistura harmônica e cordial das três raças (brancos, índios e negros). Gilberto Freyre colaborou para a consolidação do processo de miscigenação, adequando-se à demanda positivista e eugenista, de um projeto político de nação que possuía como objetivo chegar próximo ao padrão europeu, para se atingir a "ordem e o progresso".

> De acordo com o Hanchard, esta lógica entre imagem e realidade, apesar de contraditória, foi interessante para as elites porque estabeleceu uma fundamentação cultural para os interesses materiais, freando o processo da abolição até que um novo modelo de produção substituísse a escravidão, "inclusive com uma nova classe subalterna" (HANCHARD, 2001, p. 66), no caso, os imigrantes europeus.

> Gilberto Freyre foi o autor que mais contribuiu para difusão da ideia da democracia racial. Segundo Hanchard, ele foi influenciado tanto pela crença numa escravidão "humanizada", popularizada no Brasil da Primeira República (1889-1930) como pela necessidade de responder à aflição imposta à elite pelo pensamento positivista a respeito de mistura das raças através da "miscigenação construtiva", transformando o que era antes negativo num "atributo da construção nacional" (MARÇAL, 2016 *apud.* HANCHARD, 2001, p. 64).

Segundo nos conta José Antônio Marçal (2016) e outros, o autor de Casa Grande & Senzala mostra, através de suas teorias, que o Estado Brasileiro pretendia configurar a miscigenação, entrelaçada na construção de uma identidade nacional oficial, como uma forma de socializar as raças negras e indígenas com o branco europeu. Garantindo uma "zona de confraternização", com pleno espírito de cordialidade à brasileira. Uma convivência racial harmônica possibilitando, a partir da composição de novas famílias, uma transmissão de heranças e redistribuição de terra. Isso também nunca ocorreu, pois os mesmos continuaram marginalizados econômica, política, cultural e socialmente, e o que de fato aconteceu foi um número enorme de violências sexuais às mulheres negras e indígenas, que eram maioria absoluta em relação às mulheres brancas.

As ideologias positivistas e eugenistas estão presentes na atualidade e impregnadas em todas as relações sociopolíticas, econômicas, culturais e, em singular, educacionais. Mas, no decorrer de todos esses séculos, houve muitas resistências negras que ainda não nos são plenamente contadas. Em seguida, veremos algumas, que culminaram nas ações afirmativas.

1.1 "Nossos passos vêm de longe": a construção da lei 10.639/03

Pempamsie: A unidade é a força. Esteja preparado. Fique atento.

(Arte Adinkra)

Será realizado aqui um levantamento bibliográfico para resumir as principais lutas e resistências negras, ao longo dos anos de 1605 a 2003. O objetivo é demonstrar o longo percurso de resistências negras que culminaram na construção das ações afirmativas, como reparação histórica para a populações negras, devido ao longo período de escravização negra brasileira, que durou cerca de trezentos anos, racializando a exclusão social, política e econômica. Por isso, a discussão da lei 10.639 de novembro de 2003, que obriga o ensino de História e Cultura Afrobrasileira e africana como um dos resultados de tantas resistências, afinal: Nossos passos vêm de longe...

Podemos afirmar que, ao longo de grande parte da Escravização no Brasil, existiram inúmeras formas de resistências negras e de tipos de quilombos[9]. Segundo Kabenguele Munanga e Nilma Lino Gomes (2004/2006), a partir do século XVI já havia registros de quilombos no Brasil, conforme também nos conta Clovis Moura (1988) e Campos (2008, p. 67).

Já Matheus Serva Pereira (2012, p. 38) afirma que "[...] os agrupamentos de escravos fugitivos recebiam a designação de mocambos – que quer dizer "esconderijos" em ambundo, língua vinda de Angola". Posteriormente, tratando sobre quilombos.

> A esse processo de luta e organização negra existente desde a época da escravidão, podemos chamar de resistência negra. Várias foram as formas de resistência negra durante o regime escravocrata. Insubmissão às regras do trabalho nas roças ou plantações onde trabalhavam – os movimentos

---

[9] "A palavra Kilombo é originária da língua banto umbundo, falada pelo povo ovimbundo, que se refere a um tipo de instituição sociopolítica militar conhecida na África Central, mas especificamente na área formada pela atual República Democrática do Congo (antigo Zaire) e Angola. Apesar de ser um termo umbundo, constitui-se em um agrupamento militar composto pelos jaga ou imbangala (de Angola) e os lundas (do Zaire) no século XVII" (MUNANGA; GOMES, 2004, p. 71).

espontâneos de ocupação das terras disponíveis, revoltas, fugas, abandono das fazendas pelos escravos, assassinatos de senhores e suas famílias, abortos, quilombos, organizações religiosas, entre outras, foram algumas estratégias utilizadas pelos negros na sua luta contra a escravidão (MUNANGA; GOMES, 2006, p. 69).

O mais emblemático quilombo foi o de Palmares, no século XVII, localizado no atual estado de Alagoas, na Serra da Barriga, entre os anos de 1605/1606 até 1694 (PEREIRA, 2012). Abdias Nascimento (2017) diz que durou entre 1630 e 1697, resistindo a 27 expedições militares, enviadas por holandeses e portugueses. Foi o maior quilombo e o mais importante, com uma população estimada entre 15 a 30 mil habitantes; com nomes como Aqualtune, com protagonismo de seu filho e neto: Ganga Zumba e Zumbi dos Palmares, com sua esposa Dandara, são figuras históricas centrais.

Segundo Cruz (2012), existiu também o Quilombo do Quaretê ou Quariterê, com forte liderança de Tereza de Benguela e seu marido José Piolho. Localizado no Vale do Guarapé, no Mato Grosso, de 1730 até o final do século.

Também nos contam Kabenguele Munanga e Nilma Lino Gomes (2006) sobre o Quilombo do Ambrósio, em Minas Gerais, destruído em 1746, com cerca de 10 mil habitantes, e do Quilombo do Grande Mineiro, que tinha cerca de mil pessoas, sendo atacado em 1759.

Devemos recordar ainda da Conjuração Baiana, Revolta dos Búzios ou Revolta dos Alfaiates (Bahia, 1798), liderada pelos soldados Luiz Gonzaga das Virgens e Lucas Dantas de Amorim Torres, o aprendiz Manuel Faustino dos Santos e um mestre alfaiate João de Deus. A Revolta dos Malês, em 1835, foi encabeçada por Luiza Mahin, mãe do poeta Luis Gama. Vinda da Costa da Mina, era princesa, mas veio como escrava para o Brasil. Viveu como quituteira na Bahia e passava recados em árabe entre seus doces, articulando, assim, uma das principais revoltas do país. Reis (2003, p. 301-304) ensina que: "O personagem Luiza Mahin, então, resulta de um misto de realidade possível, ficção e mito". Asseguram sua existência, retomando uma carta escrita por seu filho – o poeta e abolicionista Luiz Gama – ao amigo Lúcio Mendonça. Lúcio guardou a carta em seus arquivos pessoais por décadas, contando a história em seu artigo, publicado no ano de 1880. Ela também teria participado da Sabinada, nos anos seguintes, ambos no período regencial.

Há também ainda a Cabanagem (Pará, 1835-1840), a Sabinada (Bahia, 1837-1838). Como dissemos, a Balaiada (Maranhão, entre 1838-1841) consta a liderança de Manuel Francisco dos Anjos Ferreira, o "balaio" (MUNANGA; GOMES, 2006, p. 96-104, e outros).

Do movimento abolicionista, conforme nos conta Eric Brasil e Camila Mendonça (2013, p. 128-129), podemos destacar movimentos ocorridos principalmente nas zonas urbanas e datados a partir de 1880. Havia movimentos negros organizados que pagavam inclusive advogados e alforrias, como A Confederação Abolicionista, por exemplo, e nomes como Joaquim Nabuco, Luis Gama (filho de Luiza Mahin), José do Patrocínio e André Rebouças como atores nesse processo.

Cabe acrescentar ainda que "Na Bahia, canoeiros se negavam a transportar africanos recém-chegados dos navios negreiros, os ajudando a fugir das fazendas de açúcar do Recôncavo Baiano" (BRASIL; MENDONÇA, 2013, p. 130). Contam que, no Ceará, o "Lobo do Mar", Francisco José do Nascimento, se tornou herói após liderar uma revolta no porto de Fortaleza -Ceará. Ele proibiu o tráfico de escravizados para o Sudeste, acelerando a Abolição da Escravatura naquela região para 1884, conforme nos ensinam Abdias Nascimento (2017), Eric Brasil e Camila Mendonça (2013).

Foi essa "avalanche negra", segundo denominou Rui Barbosa, que acelerou os debates sobre a aprovação do projeto de lei que tratava sobre a Abolição da Escravatura, sendo aprovada a Lei Áurea, num dia de domingo, em 13 de maio de 1988 (DANTAS, 2013, p. 131).

Também precisamos contar à parte dessa sequência, as ricas e resistentes culturas negras, como as Irmandades Negras, entre 1530 e 1888, e as Congadas, de 1822 a 1889, conforme nos contam Larissa Vianna (2013) e Kabenguele Munanga e Gomes (2006), e que ocorrem até hoje. É necessário que haja registros históricos e arqueológicos, inventários e outros, que garantam a proteção de nossa memória, que sejam salvaguardadas e tombadas pelo Estado Brasileiro. Tendo esse *dever de memória* (ABREU, 2011, p. 155) como um legítimo e urgente *"dever de justiça"*.

Entrando na luta dos movimentos negros no século XX, Pereira (2013) define o movimento negro como movimentos sociais com forte atuação política em relação a questão racial negra. Com formação bastante heterogênea na sua composição, envolve o conjunto de organizações, entidades e sujeitos que lutam contra o racismo e por melhores condições de vida para a população negra, fazendo uso de várias estratégias:

> Entre elas destacamos as práticas políticas e culturais, a criação de organizações voltadas exclusivamente para a ação política, as iniciativas específicas no âmbito da educação, da saúde, etc. Tudo isso faz da diversidade e da pluralidade características desse movimento social (PEREIRA, 2013, p. 147).

Com a abolição do Sistema Escravocrata e a Proclamação da República, os descendentes de escravizados passaram a constituir, majoritariamente, o grupo empobrecido e marginalizado no Brasil, continuando a viver em completa e violenta desigualdade. No entanto, temos que pensar e lembrar que houve muita reação, movimentação e resistência ao longo da história desse país, por parte desses povos. Muito sangue negro foi derramado em prol de uma luta legítima: por respeito e justiça social para os negros e negras. Por respeito à sua identidade racial, por participação e inclusão de fato na sociedade, por Educação de qualidade social.

Portanto, após 1888, os ideários positivistas e eugenistas permaneceram e influenciaram a limpeza étnica desenvolvida na Reforma Pereira Passos, em que se pretendia banir definitivamente a presença negra, com políticas sanitárias no centro da cidade do Rio de Janeiro (que teve impacto nos subúrbios e periferias) (CAMPOS, 2007). A Revolta da Vacina (1904) foi uma forte resistência negra, dada como resposta a essa política eugenista. Com as organizações de negras[10], continuou a luta para garantir a participação nas esferas de poder e também lutavam contra as desigualdades raciais, no início da República (DANTAS, 2013).

Houve também enfrentamento, tanto na esfera política quanto social, com o posicionamento de intelectuais identificados como brancos, totalmente contrários às teorias raciais vigorantes na época, como Alberto Torres e Manoel Bonfim, e intelectuais negros conceituados, como o médico Juliano Moreira, o deputado Monteiro Lopes. O professor Hemetério dos Santos que defendia ideias claramente antirracialistas e antirracistas e uma forte conscientização política da população negra, conforme nos ensina Carolina Vianna Dantas (2013). Vale acrescentar que:

---

[10] Eram organizações fundadas e dirigidas por homens e mulheres negras, que eram proibidos de participar de instituições dirigidas por pessoas brancas. São exemplos as sociedades beneficentes, outras destinadas para lazer, para recreação, carnavalescas, para luta operária e até times de futebol, como o time São Geraldo, Cravos Vermelhos e Onze Galos Pretos (em São Paulo); assim como a fundação e manutenção de colégios, como o São Benedito (Campinas, 1902), por um professor negro. Posteriormente, a Federação Paulista dos Homens de Cor e Escola Progresso e Aurora, de São Paulo, que foi fundada em 13 de maio de 1908, por Luis de Paula, um abolicionista. (DANTAS, 2013, p. 140).

> Assim embora ainda exista um silêncio sobre a presença
> política da população negras nas primeiras décadas repu-
> blicanas, devemos ressaltar que esse silêncio é muito mais
> historiográfico, que histórico. [...] a eleição de Monteiro
> Lopes para a Câmara de Deputados (RJ, 1909), o sucesso do
> músico negro Eduardo das Neves, as comemorações do 13 de
> maio. A projeção popular alcançada pelo abolicionista José
> do Patrocínio e pelo capoeira Francisco Ciríaco, a Revolta
> da Chibata (RJ, 1910) são alguns dos momentos/processos
> emblemáticos da politização do tema racial e da presença
> política da população negra na sociedade daquele momento
> (DANTAS, 2013, p. 139).

Retomando a citação acima, completamos com o que nos conta
Munanga e Gomes (2006) sobre a Revolta da Chibata, que foi um importante movimento ocorrido no início do século XX, mais precisamente
em 22 de novembro de 1910, no Rio de Janeiro. Foi liderada por João
Cândido Felisberto, eternizado como "o Almirante Negro", um marujo
da Marinha brasileira. Se iniciou devido aos maus tratos, baixo soldo na
Marinha Mercante e direito à Educação, sitiando a cidade com o domínio
de encouraçados, que correspondiam à terceira potência marítima no
mundo. Revolta que marcou por sua magnitude e organização.

> João Cândido, o marinheiro gaúcho, eternizado como o
> "Almirante Negro", morreu no dia 06 de dezembro de 1969.
> Tinha 89 anos. Até pouco mais de oitenta anos, trabalhou
> na descarga dos pesqueiros, na Praça XV. Leonel Brizola,
> quando governador do Rio de Janeiro, concedeu-lhe uma
> pensão (MUNANGA e GOMES, 2006, p. 114).

Também nos conta Amilcar Pereira (2013) que havia uma imprensa
mantida por pessoas negras com poucas poses, mas muita vontade política,
tecendo alianças inimagináveis, como o Jornal O Clarim d'Alvorada,
publicado entre 1924 a 1932 por José Corrêa Leite (auxiliar de farmácia)
e Jayme Aguiar (pequeno funcionário), que era um dos principais jornais
negros da época. Mesmo com dificuldades em relação à venda e reprodução, o Jornal conseguiu marcar presença na história de resistência de
negros e negras por acesso aos meios de comunicação. Fez intercâmbio
com o Jornal Chicago Defender (criado em Chicago, em 1905, sendo o mais
importante jornal da imprensa negra norte-americana da época). O Clarim
d'Alvorada tinha uma seção chamada The Negro World – expressão criada

em Nova York pelo jamaicano Marcus Garvey (1887-1940), defensor do panafricanismo. Veja o relato de Jayme Aguiar, no depoimento a seguir:

> Os negros tinham jornais das sociedades dançantes e esses jornais das sociedades dançantes só tratavam dos seus bailes, dos seus associados, o disseque-disse, as críticas adequadas, como faziam os jornais dos brancos que existiam naquela época: jornal das costureiras, jornais das moças que trabalhavam nas fábricas. Etc. O negro ficava de lado porque ele não tinha meios de comunicação. Então esse meio de comunicação foi efetuado através dos jornais negros da época. São esses jornais que nós conhecemos e que tratavam do movimento associativo das sociedades dançantes. O Xauter, o Bandeirante, o Menelik, o Alfinete, o Tamoio e outros mais. O Menelik foi um dos principais jornais associativos que surgiram em São Paulo, criado pelo poeta negro Deocleciano Nascimento, falecido, mais ou menos, há oito anos atrás. Esse Manelik por causa da época da Abissinia com a Itália teve repercussão muito grande dentro de São Paulo. Todo negro fazia questão de ler o Menelik. E tinha, também, o Alfinete. Pelo título do jornal os senhores já estão vendo: cutucava os negrinhos e as negrinhas... Depois, então, é que surgiram os negros que queriam dar alguma coisa de mais elevação, de cultura, de instrução e compreensão para o negro.
>
> Então surgiram os primeiros jornais dos negros dentro de um espírito de atividade profunda. Modéstia à parte, eu e o Corrêa Leite, a 6 de janeiro de 1924, fundamos O Clarim. [...] A redação de O Clarim era na minha casa, na rua Rui Barbosa. Nós publicávamos o jornal com pseudônimo: Jin de Araguari e Leite. Foi uma espécie de hieróglifo que formamos para não aparecermos como jornalistas. Depois, esse jornal foi tomando projeção. Eu devo – fazendo um parêntese – de minha parte um a grande influência na fundação do jornal a um amigo meu, falecido, e que na época era estudante de direito: José Molina Quartin Filho, que tinha o pseudônimo de Joaquim Três. Ele trabalhava no Correio Paulistano e fazia crônica carnavalesca na época, com Menotti del Picchia, que na época fazia [...] com o pseudônimo de Helius. Eu e o Quartin trabalhávamos juntos numa mesma repartição" (MUNANGA; GOMES, p. 116, *apud* Depoimento gravado durante o ano de 1975).

Localizado no estado de São Paulo, em 1926, foi criado ainda o Centro Cívico Palmares. Este centro, que já lutava pelos negros, buscava uma atuação política e a apresentação de demandas do movimento à sociedade e aos poderes públicos, fundando salas de aula, voltadas para o atendimento educacional, junto à população negra, assim como uma imprensa alternativa. Esse conjunto era a Imprensa Negra paulista. Conforme nos conta Pereira (2013):

> Logo depois da abolição, já circulavam jornais voltados para as populações negras [...] Chama atenção também um conjunto de jornais publicados na cidade de São Paulo a partir da década de 1910, e que, nos anos 1920, passaram a ter um caráter de denúncia da discriminação racial. Era a chamada "imprensa negra paulista", (grifo nosso) de onde surgiram alguns dos fundadores da Frente Negra Brasileira (FNB), em 1931 (PEREIRA, 2013, p. 147).

Tudo isso ensejou na criação da F.N. (1931), e várias outras organizações políticas de negros brasileiros surgiram na década de 1930: momento histórico de intensa transformação e luta por poder, momento da Crise de 1929 e das Revoluções de 30, aqui no Brasil. A Frente Negra foi a mais importante organização do movimento negro do Brasil no século XX. Chegando a reunir 40 mil associados com diversas ramificações em vários estados brasileiros, sendo referencial de luta pelo país.

A Frente Negra Brasileira (F.N.B.) foi fundada no dia 16 de setembro de 1931, tendo sua sede inicial localizada na rua da Liberdade, em São Paulo, e tinha uma estrutura bem mais complexa que os jornais anteriores. Era gerido por um grande conselho, composto por capitão, chefe e um secretário, assim como conselho auxiliar, composto por Cabos Distritais. Tinha iniciativas educativas, com salas de aula com vários alunos, para atender crianças negras, assim como muitas organizações da época. Oferecia assistência social e também na área de saúde. Tinha uma organização paramilitar, uma milícia frente negrina, usavam camisa branca e recebiam um rígido treinamento militar.

Em 1936, a FN tornou-se partido político, mas, com o Golpe do Estado Novo de Getúlio Vargas, em 1937, o partido foi fechado e todas as outras organizações políticas negras da época foram proibidas, impedindo, inclusive, jornais de circularem, como a Voz da Raça, da União Negra Brasileira, que, devido à repressão, também deixou de existir em 1938 (MUNANGA; GOMES, 2006. PEREIRA, 2013).

NOSSOS PASSOS VÊM DE LONGE

> A Frente Negra ofereceu, a essa população marginalizada, possibilidades de organização, educação e ajuda no combate à discriminação racial. Incentivou a conquista de posições dentro da sociedade e aquisição de bens. Foi, sem dúvida, conservadora, expressava aspirações de negros de classe média e teve concepções políticas limitadas. Mas tentou dar aos afro-brasileiros condições de se integrarem à sociedade capitalista e conseguiu resposta popular, com prova o grande número de filiais que estabeleceu e de associados que conquistou. Configurou-se como uma das grandes mobilizações negras no contexto urbano e sua trajetória é um capítulo importante da história do povo afro-brasileiro (MUNANGA e GOMES, 2004, *apud*. Marcio Barbosa, 1998, p. 10-12).

A luta perpassa ainda pela União dos Homens de Cor (UHC), fundada em Porto Alegre em 1943 pelo farmacêutico e articulista João Cabral Alves, e com ramificações em 11 estados da federação, segundo Joselina da Silva (2003). Antônio Sérgio Guimarães, referindo-se ao período de redemocratização, em 1945, e às organizações negras criadas naquele contexto histórico, afirma que o "Teatro Experimental do Negro é, sem dúvida, a principal dessas organizações" (GUIMARÃES, 2002, p. 141).

Segundo Pereira (2013), em 1944, surge na cidade do Rio de Janeiro o Teatro Experimental Negro[11] (o TEN), sob a liderança de Abdias Nascimento[12]. Tinha como objetivo abrir as portas das artes cênicas para atores negros e negras que, através de sua arte, pretendiam libertar culturalmente o povo negro brasileiro, valorizando a herança africana e a cultura produzida por esse segmento.

O TEN, além de cursos de teatro e montagem de espetáculos, também promovia cursos de alfabetização, para que alcançassem melhores condições de vida e trabalho. Promoveram a I e II Convenção Nacional sobre o negro (1945 e 1946), o I Congresso do Negro Brasileiro (1950), lutando para que a discriminação racial fosse considerada crime, assim como pela

---

[11] Conforme nos contam Pereira (2013) e Munanga (2006), também precisamos lembrar de como o TEN agregou grandes nomes da arte como: o Grande Otelo, Ruth de Souza, Haroldo Costa, Lea Garcia e Francisco Solano Trindade, um dos maiores poetas negros do Brasil. Este era Pernambucano, nasceu em Recife, no dia 24 de julho de 1908, premiado no exterior e elogiado pela crítica e por literatos, marcou na história do país com poemas, como "Tem gente com fome" (em 1975).

[12] A caminhada política de Abdias do Nascimento sempre esteve atrelada à questão racial no Brasil. Nasceu em Franca, no estado de São Paulo, em 1914. Em 1944, como vimos, foi a principal liderança na criação do Teatro Experimental do Negro.

promoção de políticas públicas para a população negra. Também fundou, em 1948, o jornal "O Quilombo", que foi:

> O jornal O Quilombo, publicado pelos militantes negros do TEN foi uma produção muito diferente dos outros jornais militantes que o antecederam. Segundo o sociólogo Antônio Sérgio Guimaraes, talvez o mais importante motivo dessa diferença tenha sido a sua inserção e sintonia com o mundo cultural brasileiro e internacional. Da mesma forma que os melhores jornais americanos ou franceses da época, o Quilombo congregava, num mesmo espaço político e cultural, intelectuais negros e brancos, que possuíam uma visão crítica sobre racismo e a situação do negro brasileiro: Guerreiro Ramos, Ironildes Rodrigues, Edison Carneiro, Solano Trindade, Nelson Rodrigues, Rachel de Queiroz, Gilberto Freyre, Orígenes Lessa, Roger Bastide, entre outros. Autores como Cruz e Souza, José do Patrocínio e Luís Gama eram reverenciados nas páginas do jornal. O jornal também publicou artigos de intelectuais estrangeiros, discutiu música, cinema, teatro, poesia, religião feitos por negros brasileiros, mostrando que havia um pensamento intelectual produzido pelos afrobrasileiros na vida nacional. Um pensamento intelectual produzido por pessoas negras na cor e negras enquanto compromisso político com a afirmação da identidade e da cultura negra (MUNANGA e GOMES, 2004, p. 122).

Vale lembrar ainda da Associação Cultural do Negro (ACN), que foi outra organização negra, criada em 1954 por José Correia Leite, em São Paulo, e que também organizava os negros quanto à necessidade dos estudos (MUNANGA e GOMES, 2004).

Segundo Pereira (2013), a tradição de luta contra o racismo contou com diferentes tipos de organizações políticas e culturais em vários setores da população negra brasileira desde o final do século XIX. Foi importante para o surgimento, em meio a um período de ditadura militar, do movimento negro contemporâneo no Brasil, no início da década de 1970, caracterizado por: forte denúncia do "mito da democracia racial" e construção de identidades político-culturais negras.

O mesmo autor nos conta que a reivindicação principal do Movimento Negro Unificado, criado em 1978, em São Paulo, é a "reavaliação do papel do negro na história do Brasil", contida na "Carta de princípios". Contou com a participação de lideranças e militantes de organizações de vários estados.

Também temos que lembrar, antes de entrar na análise da lei, de nomes como Dona Mundinha (Maria Raimunda), formada em Comunicação Social pela Federação das Escolas Superiores do Maranhão, em 1975, e fundadora do Centro de Cultura Negra do Maranhão (CCN), em 1979. Foi a primeira vice-presidente da entidade, de 1980 a 1982, e ocupou a presidência no mandato seguinte, de 1982 a 1984.

E ainda Lélia Gonzalez[13], que representa, juntamente com outros nomes, tais como: Alzira Rufino, Beatriz Nascimento, Conceição Evaristo, Luciene Lacerda, Petronilha Beatriz Gonçalves e Silva, Iolanda de Oliveira, Sueli Carneiro, dentre outras, a força do movimento de mulheres negras no Brasil, que alcançam mais visibilidade e chamam atenção por serem em maior número na luta do movimento negro, se comparado aos outros momentos históricos apresentados até então. A importância da Marcha Zumbi dos Palmares, em 1995, realizada em Brasília, reunindo mais de trinta mil pessoas, em memória aos trezentos anos da morte de Zumbi dos Palmares, lutando contra o racismo, denunciando as graves desigualdades socioeconômicas e políticas, que culminou na formulação de políticas públicas para a população negra no Brasil.

As mulheres negras se apresentam nas mais variadas organizações e nuances de luta. O protagonismo das mulheres negras na luta antirracista é marcado pelos vários tipos de entidades, em diversas partes do país, com várias tendências, concepções e atuações variadas que, hoje, elas já possuem, reivindicando a discussão sobre raça e gênero. Várias atuações dessas mulheres negras influenciaram diretamente as minhas práxis educativas, que narrarei nos próximos capítulos, construindo novas estratégias de luta com as diversas trajetórias de vida, de (re)existências e vozes negras, como comentado abaixo:

> Enquanto sujeito social importante na construção da história do nosso país, as mulheres negras vêm construindo uma nova trajetória de muita luta, perseverança e sabedoria. As vozes das nossas antepassadas, com suas dores e lutas ainda ecoam entre nós e servem de exemplo para que não desistamos do nosso objetivo de construir uma sociedade digna para todos (MUNANGA; GOMES, 2004, p. 136).

---

[13] Segundo nos conta Ana Célia da Silva (2011), Lélia Gonzalez foi uma militante e fundadora do MNU. Nascida na cidade do Rio de Janeiro, era mestre em Antropologia, professora universitária na PUC-RIO, escritora com fama fora do país, sempre fazia conferências a nível internacional. Foi a partir de uma palestra feita em maio de 1978, em Salvador, comemorando a Lei Áurea pela Prefeitura Municipal, que um grupo de jovens fundou o Grupo NÊGO, que se transformou, em julho do mesmo ano, o Movimento Negro Unificado, seção Bahia. Lélia veio a falecer em 1994.

A autora Petronilha Beatriz Gonçalves e Silva (2007) complementa que, antes de se implementar a lei, temos que lembrar da luta pela construção da Constituição Cidadã de 1988, que ocorreu graças à luta exaustiva de movimentos sociais, incluindo os indígenas e negros, que se pavimentou a ainda tênue democracia, tão necessária para a elaboração das Leis de Diretrizes e Bases da Educação de 1996.

Foi a Constituição de 1988 que, posteriormente, permitiu, também em 1997, a implementação de recomendações a partir dos Parâmetros Curriculares Nacionais. Mesmo ainda discutindo a diversidade somente através do tema transversal Pluralidade Cultural, admitindo, ainda que tenuamente, a existência das diferenças étnico-raciais no Brasil, até então silenciadas nos documentos educacionais curriculares anteriores.

Assim, em idos dos anos 2002, começou-se a institucionalização de toda luta dos movimentos negros, materializada na Educação por intelectuais e ativistas negras e negros, através da criação da Lei que obrigava e valorizava o ensino da História e cultura afrobrasileira e africana nas escolas, a Lei 10.639/03, sendo uma vitória da luta exaustiva dos movimentos negros e sociais.

A implementação da lei, que hoje, com quinze anos de existência, ainda é pouco desenvolvida nas escolas brasileiras, permanece atrelada erroneamente a efemérides. Entretanto, a lei foi uma vitória da luta de negras e negros pelo objetivo principal de ressignificar o papel do negro brasileiro em nossa sociedade brasileira. Uma vitória sem igual para desencadear uma nova conceituação coletiva de negros e negras, na visão deles mesmos e na denúncia e desconstrução do mito da Democracia Racial, tão nociva até os dias atuais, através da potencialização e (re)construção do currículo escolar.

Vitória essa que, na minha visão, a partir de minha experiência em municípios fluminenses, ainda não é de conhecimento pleno inclusive dos próprios professores que atuam junto à Educação Básica, principalmente da Educação Infantil ao primeiro segmento do ensino fundamental. A fim de também potencializar a disseminação do conhecimento dessa lei e de sua precursora, a Lei 11.645/08, que amplia a obrigatoriedade do ensino para os indígenas. Também procuramos resumir as lutas do movimento negro brasileiro, pois nos fortalecem para a construção de práxis educativas antirracistas e a revisão do ensino de História, tão importante na luta antirracista como as que veremos posteriormente. Em seguida, analisaremos como fica(m) a(s) identidade(s) negra(s) frente às formas de racismo à brasileira.

1.2 Como fica(m) a(s) identidade(s) negra(s)

Nkonsonkonson: Estamos ligados tanto na vida, como na morte. Aqueles que partilham relações consanguíneas nunca se apartam.

(Arte Adinkra)

A discussão sobre a construção das identidades negras brasileiras partirá da análise mais plural sobre a constituição da sociedade, com forte herança escravocrata, e da análise singular das relações estabelecidas nos espaços de discussões, de ensino-aprendizagem, a partir da compreensão da importância do planejamento dos currículos e metodologias escolhidas e desenvolvidas no chão da escola. Toda essa discussão é fundamental para entendermos como ocorre o desenvolvimento da identidade humana e o estabelecimento da(s) identidade(s) negra(s), entendendo que:

> Dizer identidade humana é designar um complexo relacional que liga o sujeito a um quadro contínuo de referências, constituído pela interseção se sua história individual com a do grupo onde vive. Cada sujeito é parte de uma continuidade histórico-social, afetado pela integração num contexto global de carências (naturais, psicossociais) e de relações com os outros indivíduos, vivos e mortos, [...] Identidade é de fato algo implícito em qualquer representação que fazemos de nós mesmos. Na prática, é aquilo de que nos lembramos [...] A consciência, enquanto forma simbolicamente determinada, é lugar de identidade (SODRÉ, 1999, p. 126).

> Existe, é claro, um conjunto de experiências negras historicamente distintas que contribuem para os repertórios alternativos que mencionei anteriormente. Mas é para a diversidade e não para a homogeneidade da experiência negra que devemos dirigir integralmente a nossa atenção criativa agora. [...] Estamos constantemente em negociação, não com um único conjunto de oposições que em negociação, não com um único conjunto de oposições que nos situe sempre na mesma relação com os outros, mas com uma série de posições diferentes. Cada uma delas tem para nós o seu ponto de profundo identificação subjetiva (HALL, 2013, p. 384-385).

Além de outros fatores de exclusão/marginalização sociopolítica, econômica e cultural da população negra ainda presentes na sociedade brasileira, como a falta de representatividades negras nas variadas esferas de poder, há também a falta de representatividade dos povos negros enquanto produtores de histórias e culturas nos currículos escolares. O que ainda não está plenamente superado nos livros didáticos, como nos comprova a Ana Célia da Silva (2001). Apesar de existirem avanços significativos, essa lacuna interfere negativamente, sobremaneira, na constituição de memórias (positivas), por parte dos alunos negros, logo, comprometendo a construção de suas identidades, principalmente raciais.

Identidades que, quando apresentadas, costumam ser distorcidas pelas memórias e as narrativas históricas num olhar eurocentrado e homogeneizador, representando um só bloco de compreensão monolítico do sistema-mundo: determinando aos negros o lugar da inferioridade e da submissão. Identidades essas representadas que deveriam ser negociadas numa relação respeitosa e não excludente, de relações de trocas de experiências e conhecimentos dos variados povos formadores de nossa população brasileira, e não de inferiorização e aniquilação dos outros colonizados, dos considerados periféricos, inclusive na construção dos conhecimentos.

As imposições culturais e históricas percebidas tanto nos currículos escolares estabelecidos pelos sistemas de ensino quanto pela comunidade escolar como um todo, são representadas nos materiais didáticos e literários e são consequências de determinações/subjulgações epistêmicas esculpidas no turbulento processo de escravização negra/indígena no Brasil. Essas imposições são fruto da colonialidade do poder, do saber e do ser (MIGNOLO, 2003), constitutiva da modernidade, que comprometem as construções das identidades raciais e das subjetividades por parte de negras e negros brasileiros.

> A colonialidade do ser é pensada, portanto, como uma negação de um estatuto humano para africanos e indígenas, por exemplo, na história da modernidade colonial. Esta negação, segundo Walsh (2006), implanta problemas reais em torno da liberdade, do ser e da história do indivíduo subalternizado pela violência epistêmica. Podemos afirmar, concordando com Mignolo (2003), que o discurso da história do pensamento europeu é, de um lado, a história da modernidade europeia e, de outro, a história silenciada

da colonialidade europeia. Pois, enquanto a primeira é uma história de auto-afirmação e de celebração dos sucessos intelectuais e epistêmicos, a segunda é uma história de negações e rejeições de outras formas de racionalidade e história (CANDAU e OLIVEIRA, 2010, p. 7).

Para compreender mais sobre a questão da construção da identidade, Elaine Cavalleiro (2004) complementa que a identidade é tecida através de um processo de constituição social de cada sujeito. Nos incita a compreender como sendo um processo contínuo de afirmação da individualidade que se constituiu biológica e socialmente, contextualizando o seu corpo num meio sociocultural, que o reconhece como ser humano e também sociocultural. A identidade é o cruzamento do que entendemos de nós mesmos e do que entendemos de como os outros nos enxergam. Esse processo é dinâmico, dialético e dialógico, e desemboca na construção paulatina da personalidade, no decorrer da vida do indivíduo.

Muniz Sodré (1999) compreende a identidade como constituída ao longo da vida e da convivência junto com o(s) outro(s). E que é dessa relação com o(s) outro(s), ao pensar sobre quem é e de onde veio, ao rememorar sua história, feitos históricos do grupo do qual faz parte, que proporciona a constituição de sua identidade, inclusive coletiva, conferindo-lhe um sentimento de pertencimento de grupo. Como cada negro e negra constituirá a sua identidade de forma plena, se não lhes foi/é assegurado o conhecimento sobre quem é, sobre a sua memória, incapacitando-nos de contemplar toda a nossa diversidade racial?

Ao não se verem representados nos materiais ilustrativos e construtivos do currículo escolar de forma positivada, o não acesso à sua memória em toda a sua plenitude gera uma violência simbólica e psicológica tão devastadora em cada íntimo, a ponto de preferirem a autonegação de quem são. Para serem aceitos pelos grupos hegemônicos, para se adequarem aos comportamentos e padrões que lhes são impostos, fazendo com que se aliene e negue a pertença em relação aos grupos excluídos, marginalizados ou inferiorizados dos quais faz parte:

> Assim, a identidade é o produto de uma sedimentação efetiva da memória e da trajetória histórica de determinado segmento no imaginário. Ela é, portanto, uma categoria que traz consigo a noção de pertencimento e um sentido de coletividade. Nesse sentido, só pode ser tomada como uma

> alavanca fundamental da existência social, à medida que o reforço do coletivo fortalece necessariamente os indivíduos, construindo uma noção de autoestima e refletindo as bases de suas representações mais íntimas. Como centro vital da existência social, à medida que o reforço do coletivo fortalece necessariamente os indivíduos, construindo uma noção de autoestima e refletindo as bases de suas representações mais íntimas. Como centro vital da existência do grupo, a identidade é acionada para manter a coesão, evitar os ataques à memória coletiva e até impor um determinado padrão a outro segmento. Ela é pois, um instrumento fundamental da política (FLAUZINA, 2008, p. 126).

Esse ataque à memória coletiva impede a construção das identidades individuais e coletivas, as identidades negras, tornando os negros e negras atemporais e desterritorializados enquanto povos, prejudicados em se resguardar e lutar enquanto coletividade. Portanto, a defesa das memórias é um importante instrumento político para defesa dos pertencimentos negros, para a construção das identidades raciais, para a tomada de consciência enquanto povos negros diversos.

> É por isso que as elites sempre procuram obstruir qualquer possibilidade de sedimentação mais efetiva de uma identidade negra no país. Afinal, esse é o pressuposto em que se assentam as bases de uma relação coletiva. Sem a identidade não há como se forjar a própria noção de grupo, restando indivíduos dispersos, incapazes de se articular em torno de uma plataforma comum. Ao contrário do que ocorre com o manejo das identidades culturais de outros segmentos, que podem ser professadas e festejadas livremente, a identidade negra está sob eterna vigilância, sendo desconsiderada qualquer tentativa de uma enunciação mais consequente (FLAUZINA, 2008, p. 127).

Além da eterna vigilância, através de forças coercitivas e altamente violentas como a Polícia; a identidade mestiça biológica e cultural (identidade brasileira) se mostra como a inimiga frontal, mas aniquiladora, das identidades negras, provocando o chamado "etnocído" (MUNANGA, 2008, p. 103). Aquela pela qual a maioria dos negros brasileiros usa para negar simbólica e fisicamente a identidade discriminada pela branquidade, impondo a aniquilação da primeira através dessa norma. Opera massivamente através de vários instrumentos educativos, sendo os mais poderosos as igrejas e as escolas, para fugir da identidade coletiva inferiorizante. O que afeta psicológica e subjetivamente tanto os ditos mestiços quanto os retintos, tornando-se uma barreira para a solidariedade grupal.

> O sonho de realizar um dia 'passing' que nele [mestiço] habita enfraquece o sentimento de solidariedade com os negros indisfarçáveis. Estes, por sua vez, interiorizam os preconceitos negativos contra eles forjados e projetam sua salvação na assimilação dos valores culturais do mundo branco dominante. Daí a alienação que dificulta a formação do sentimento de solidariedade necessário em qualquer processo de identificação e de identidades coletivas.
>
> Tanto os mulatos quanto os chamados negros "puros" caíram na armadilha de um branqueamento ao qual não terão todos acessos, abrindo mão da formação de sua identidade de "excluídos" (MUNANGA, 2008, p. 83).

Segundo também discute Neusa Santos Souza (1986), muitas vezes os negros são afetados psicologicamente em sua autoestima, em seu poder e a energia necessária para a reação. Pois, por uma vida inteira, através de vários mecanismos de aniquilação, controle social e dispositivos de violências, são marginalizados e inferiorizados, precisando que se adequem à humilhação constante e que se resignem à pobreza. Ao se conformarem com as inúmeras barreiras sociais e raciais que foram se constituindo no decorrer da história do Brasil, para garantir a sobrevivência no mundo branco.

Os discursos ideológicos duplamente contraditórios e que respaldam a hegemonia racista, construído e perpassado cultural, social, politicamente, inclusive dentro das escolas e espaços acadêmicos. De que os negros são inferiores, que a mestiçagem biológica e cultural era/é a saída para o problema negro e que, assim, não haveria, em cerca de duzentos anos, mais negros retintos. Extinguindo, assim, o racismo no Brasil, proclamou de pano de fundo, a democracia racial brasileira: modelo a ser seguido pelo mundo.

Infelizmente, a escola tem se perpetuado nessa difusão/reprodução por um lado, mas também se apresenta como um portal para a transformação social, política e cultural por outro, com caráter contra-hegemônico, um potencial transgressor, de desobediência epistemológica, principalmente após o fim da ditadura no Brasil, conforme nos diz Ana Maria Monteiro (2010). Pois, ainda: "[...] a escola pode não só reproduzir a lógica da dominação, como também a da resistência e da luta social" (GIROUX, 1997, p.

58). E essa resistência e luta social, travada dentro da escola para transformação, é fundamental para a formação das identidades, inclusive negras. Discutiremos a seguir conceitos e possibilidades de novas construções epistêmicas, que fortalecem a escola como locus de transformação, de mudança e de desobediência epistêmica e transformação metodológica, transdisciplinar e combatente de preconceitos e discriminações.

1.3 Conceitos de Educação Antirracista, Educação das Relações étnico-raciais e Etnoeducação

1.3.1 Afinal, o que é Educação Decolonial?

É preciso fazer referência à toda discussão a qual iniciamos nesse estudo. Quando tratamos sobre o Sistema Colonial Brasileiro e a constituição do Racismo brasileiro, e todas as formas de dominação a que foram submetidos os povos aqui postulados como subalternizados e inferiores, que realizamos no primeiro capítulo desse estudo. Dessas discussões, podemos analisar que, mesmo ao fim do Sistema Colonial, em 1888, o Colonialismo foi historicamente construído e mantido, desdobrando-se como uma das facetas da modernidade. Modernidade essa que promulga como verdade científica, conhecimentos, poderes e seres, partindo da compreensão de sistema-mundo europeu, subalternizando política, militar e jurídica ou administrativamente, todo e qualquer conhecimento e corpos que não estejam concernentes a esse padrão.

> O postulado principal do grupo é o seguinte: "a colonialidade é constitutiva da modernidade, não derivada" (MIGNOLO, 2005, p. 5). Ou seja, modernidade e colonialidade são duas facetas da mesma moeda. Graças a colonialidade, a Europa pode produzir as ciências humanas como modelo único, universal e objetivo na produção de conhecimentos, além de deserdar todas as epistemologias da periferia do ocidente [...]. Assim, o colonialismo é mais do que uma imposição política, militar, jurídica ou administrativa. Na forma da colonialidade, ele chega às raízes mais profundas de um povo e sobrevive apesar da descolonização ou emancipação das coloniais latino-americanas, asiáticas e africanas nos séculos XIX e XX. O que esses autores mostram é que, apesar do fim do colonialismos modernos, a colonialidade sobrevive (CANDAU e OLIVEIRA, 2010, p. 17-18).

O binômio modernidade/colonialidade, portanto, legitima o domínio branco europeu sobre o poder, o ser e o conhecer. Mantém no topo da grande pirâmide constitutiva da humanidade, pela modernidade/colonialidade, o ser/conhecer branco europeu. Intitulando-o como norma e modelo a ser seguido, perante o aspecto tanto biológico como sociocultural, político e econômico no fazer e ser humanidade historicamente constituída.

Impregnada de eurocentrismo, na modernidade/colonialidade, a História somente começa a partir desse domínio do poder mundial, que se respalda na supervalorização de registros escritos, inferiorizando a oralidade como promotora da divulgação/manutenção do conhecimento. Delimitadora inclusive da configuração geopolítica superior, maniqueísta e inferiorizante.

Todos aqueles que não estariam dentro do modelo reconhecido e estabelecido pelo sistema-mundo branco-europeu, heteronormativo, patriarcal, cristão, seriam os outros colonizados: inferiorizados, subalternizados e animalizados, propensos ao exercício da violência e dominação simbólica, física, psíquica, cultural, política, econômica, militar, jurídica e administrativa.

Segundo Walsh (2005), na Educação Decolonial há a necessidade de valorização real da interculturalidade crítica, como forma de desconstruir o eurocentrismo recorrente, ao elencar conhecimentos a serem valorizados e reconhecidos. Seria, segunda a autora:

> [...] reconstrução de um pensamento crítico-outro [...], por três razões principais: primeiro porque é vivido e pensado desde a experiência vivida pela colonialidade [...]; segundo, porque reflete um pensamento não baseado nos legados eurocêntricos ou da modernidade e, em terceiro, porque tem sua origem no sul, dando assim uma volta geopolítica dominante do conhecimento que tem tido seu centro no norte global (OLIVEIRA, 2018, p. 100, *apud*. WALSH, 2005, p. 25).

O autor Mignolo (2003) afirma que é pensar em meio às ruínas, as brechas entre as marcas do colonialismo, em meio aos conflitos e enfrentamentos, a sobrevivência de múltiplas culturas em disputas e choques, ainda que tensos, mas que propiciam a horizontalidade e democracia. É um conjunto de diversas práxis que emergem em determinados contextos como respostas e diálogos dentre elementos coloniais. Nascem como respostas ao racismo, à discriminação e à opressão, como diferenças coloniais, constituindo um novo horizonte epistemológico.

As formas de enfrentamento em relação à dominação seriam a diferença colonial (MIGNOLO, 2003): tudo aquilo que é produzido epistemologicamente pelos subalternizados epistêmica e subjetivamente, e que não se distingue dentro dos domínios de compreensão de mundo e de pertencimento humano promulgado pela colonialidade como cientificamente aceito, logo eurocentrado. Tudo que surge como respostas e pistas epistemológicas para essa mudança, quanto às relações de poder, os modos de ser e de conhecer, exercidas por um único povo sobre todos os demais.

A Educação Decolonial é uma maneira de desconstrução do racismo epistêmico, que desqualifica toda forma de conhecimento que não esteja concernente com o padrão eurocêntrico de produção científica, provocando a reavaliação dos alicerces existentes, até então pautados numa única compreensão universal e verdadeira de sistema-mundo.

> Se a colonialidade operou a inferioridade de grupos humanos não europeus do ponto de vista da produção da divisão racial do trabalho, do salário, da produção cultural e dos conhecimentos, foi necessário operar também a negação de faculdades cognitivas nos sujeitos racializados. Neste sentido, o racismo epistêmico não admite nenhuma outra epistemologia como espaço de produção do pensamento e pensadores ocidentais, privilegiou a afirmação de estes serem os únicos legítimos para a produção de conhecimentos e como os únicos com capacidade de acesso à universalidade e à verdade (OLIVEIRA, 2018, p. 99).

O pensamento decolonial estaria posto como possibilidade de ampliar e valorizar as múltiplas formas de conhecimento existentes. Propiciando a desconstrução da hierarquização e da dominação sobre vidas humanas e epistemologias, com a existência de um único modelo de humanidade valorizado e reconhecido. Um pensamento capaz de levar a democratização dos tempos e espaços de poderes, inclusive no que tange a concentração/delimitação de poderes que são restritos aos territórios concentrados ao norte na "geopolítica global, hegemônica, monocultural e monorracial do conhecimento" (CANDAU e OLIVEIRA, 2010, p. 28).

Procura uma Transmodernidade, sendo uma filosofia da liberação, que vem como um projeto teórico, que visa a "diversidade global" ou "razão humana pluriversal": alcançar a diversidade do pensamento enquanto projeto de reinvenção do que hoje é considerado universal. Que procura tornar universal o diverso, não mais um único padrão. Esses pensamentos estão de acordo com o que ensina Dussel (2005) e Mignolo (2003).

É um pensamento outro (MIGNOLO, 2003), mas nascido do autor arábico islâmico Abdelkebir Khatibi (CANDAU; OLIVEIRA, 2010, p. 24): "a luta contra a não existência. A existência dominada e a desumanização", construído a partir da forma como povos subalternizados pelo mundo, como os indígenas, negros e movimentos sociais narram e falam sobre si mesmos, potencializando o fortalecimento necessário para a transformação epistêmica e política. Seria como querem promover e desenvolver a sua própria educação, sua própria cultura, memória e história, reposicionando--as num mesmo patamar de importância que o modelo eurocêntrico de poder, ser e saber. Para a retomada da humanidade por eles mesmos, os silenciados e subalternizados, apenas por serem considerados diferentes e inferiores em relação à norma estabelecida.

Uma Educação Decolonial liberta mentes e corpos da subalterni-dade e desvalorização a que foram condenados territorial, epistêmica e subjetivamente, todos os povos indígenas, negros e movimentos sociais, considerados os outros colonizados: menos humanos, animalizados ou criminalizados em sua existência e epistemologia. É aquela que promove a autoafirmação positiva, a reconquista da humanidade para todos. "Uma estratégia que vai além da transformação da descolonização (da denúncia da subalternidade e inferiorização), mas também da (re)construção e da criação radical do ser, poder e conhecer" (CANDAU; OLIVEIRA, 2010).

Promove a reconstrução de identidades culturais, raciais e de gênero e diversidade; a democratização de poderes a reestruturação e ampliação das múltiplas formas de conhecimentos divulgados, reconhecidos, valorizados e perpassados pela humanidade, construindo epistemologias, políticas e práticas outras. A educação decolonial inevitavelmente nos leva à discussão sobre propostas de educação antirracista, como iremos explicar a seguir.

1.3.2 E o que é uma Educação Antirracista?

O fenômeno da Educação Antirracista começou a ser discutido no mundo a partir da década de 1980, havendo autores reconhecidos na Inglaterra, nos Estados Unidos e no Canadá, conforme nos aponta Ferreira (2012). No Brasil, iniciou-se as discussões em meados da década de 1990, potencializadas pela discussão da Constituição Federal de 1988, como reflexo das lutas antirracistas, desenvolvidas pelo movimento negro brasileiro, como percebemos na discussão sobre as resistências negras, tecida anteriormente.

Segundo Cavalleiro (2001), na Educação Antirracista, os professores procuram debater a existência de barreiras e hierarquias raciais no Brasil, ampliando a reflexão sobre as formas de racismo e seus desdobramentos no ambiente escolar. Repudia qualquer preconceito ou discriminação tanto na sociedade quanto na escola. Promove relações entre adultos e crianças, entre negros e brancos, com respeitabilidade.

A autora também aponta que, numa Educação Antirracista, ensinam aos alunos (crianças, adolescentes e jovens) uma História crítica sobre diferentes grupos étnico-raciais, com respeito e reconhecimento da diversidade (étnico-racial), eliminando também o eurocentrismo nos currículos escolares, com estudos de "assuntos negros" importantes para promover a igualdade, encorajando a participação de todos/todas os/as alunos/as. Assim, os professores constroem ações que visam o fortalecimento do autoconceito por parte de alunas e alunos que pertençam aos grupos marginalizados.

Nesta Educação, procuram ampliar, portanto, a importância sócio-histórica, política, econômica e cultural dos povos que seguem marginalizados e excluídos, inclusive no currículo escolar, que ainda tem como centralidade a promoção dos conhecimentos eurocentrados, apesar dos últimos avanços alcançados, principalmente a partir das leis 10.639/08 e 11.645/08. Promovendo a igualdade de direitos, a justiça social e a reestruturação de poderes.

Também combatem os preconceitos e discriminações que são percebidos e reproduzidos no currículo oculto[14] que, silenciosamente, existe nas relações interpessoais estabelecidas dentro das escolas. Procurando sempre permitir que todos os alunos falem o que pensam a respeito, o que conhecem sobre o assunto e reflitam sobre as formas de racismo existentes e as suas origens. Uma Educação Antirracista é aquela que envolve todos que trabalham, ensinam e aprendem na escola.

---

[14] "O conceito de 'currículo oculto' como o conjunto de experiências não explicitadas pelo currículo oficial nos permite ampliar a reflexão sobre o tipo de mensagens cotidianas – traduzidas pelas páginas dos livros escolares, pelo preconceito racial entre colegas e entre professores e alunos – são levados ao conjunto dos alunos negros e mestiços. Ele inclui conteúdos não ditos, valores morais explicitados nos olhares e gestos, apreciações e repreensões de condutas, aproximações e repulsas de afetos, legitimações e indiferenças em relação a atitudes, escolhas e preferências" (LOPES, 2007, p. 17).

> Educação antirracista refere-se a uma vasta variedade de estratégias organizacionais, curriculares e pedagógicas com o objetivo de promover a igualdade racial e para eliminar formas de discriminação e opressão, tanto individual como institucional. Essas reformas envolvem uma avaliação tanto do currículo oculto como do currículo formal (TROYNA; CARRINGTON, 1990, p. 1).

Portanto, a Educação Antirracista é a revisão de toda a organização do trabalho pedagógico, do currículo escolar e das relações interpessoais e de poderes tanto sociais quanto escolares, a fim de se alcançar a igualdade e o respeito à diversidade étnico-racial, combatendo o racismo, colaborando para a desconstrução do mito da democracia racial brasileira. A Educação Antirracista faz parte da Educação Decolonial, mas como percebemos, a Educação Decolonial é mais ampla.

1.3.3 O que seriam Educação das relações étnico-raciais e a Etnoeducação?

A Educação das Relações étnico-raciais faz parte da Educação Antirracista. Serão retomados os estudos de Petronilha Beatriz Gonçalves e Silva (2007), que apontam para a definição de Educação das Relações étnico-raciais no texto das Diretrizes curriculares para a Educação das Relações étnico-raciais e para o Ensino de História e cultura afrobrasileira e africana, e do parecer 03, do Conselho Nacional de Educação (2004).

A autora Silva (2004) nos leva a perceber a importância de se trabalhar as histórias e culturas afrobrasileiras, africanas e indígenas, ao apresentar propostas para a ação docente, o combate ao racismo: através do estabelecimento de novas relações entre negros e brancos, da ressignificação política dos conceitos de raça e etnia; da superação do eurocentrismo a discussão envolvendo toda a comunidade escolar e do reconhecimento da importância da interculturalidade nesse processo (CANDAU e OLIVEIRA, 2010).

No contexto de lançamento da Lei 10.639/03, os textos acima apontam para a necessidade de uma redefinição da Historiografia oficial, da Literatura, das Artes, principalmente, para a inclusão da participação desses povos na constituição da realidade sociopolítica e econômica de nosso país, fazendo refletir sobre as graves desigualdades socioeconômicas e políticas do qual a maioria da população afetada são os povos negros e indígenas, como decorrentes da herança escravocrata em nosso país. Também nos leva a compreender sobre a necessidade urgente de desenvolver políticas públicas para a promoção da igualdade racial. A necessidade urgente das políticas de reparação, como forma de ressarcimento histórico, para com os descendentes dos escravizados no Brasil.

> A Educação das Relações Étnico-raciais tem por objetivo a divulgação e produção de conhecimentos, bem como atitudes, posturas e valores que eduquem cidadãos quanto a pluralidade étnico-racial, tornando-os capazes de interagir e de negociar objetivos comuns que garantam a todos respeito aos direitos legais e valorização da identidade, na busca da consolidação da democracia brasileira (BRASIL, 2004b, p. 1).

A Educação das Relações étnico-raciais combate racismos entre descendentes de europeus, negros, indígenas, orientais, dentre outras raças e culturas, dentro e fora das instituições educacionais, potencializando uma nova sociedade brasileira, afirmando a importância de uma reeducação das relações étnico-raciais. Com estabelecimento de relações mais respeitosas e harmoniosas em relação a diversidade racial, livres de preconceitos e discriminações raciais e culturais, potencializando o alcance de mais igualdade racial e o alcance de justiça social para todos no país.

Uma Educação em que todos sejam plenamente respeitados em suas identidades, para propiciar o exercício da cidadania, vendo todos (negros, brancos, indígenas e outros) como sujeitos sócio-históricos e políticos. Ao frisar a necessidade de uma justiça compensatória e distributiva, segundo ensina Joaquim Barbosa Gomes (2001): ressarcindo socioeconômica e politicamente, pelas mazelas do passado, através de políticas afirmativas, para junto aos povos negros e indígenas.

O conceito de Etnoeducação se distingue pela possibilidade de um determinado segmento marginalizado e subalternizado ao falar de si, e, partir de seus próprios discursos narrativos, construir uma educação que parte de seus conhecimentos raciais e culturais, que potencialize a construção de identidades raciais e subjetividades ao retomar suas próprias memórias, histórias e culturas. Retomando junto aos mais velhos ou anciões, a importância da tradição oral, para a ressignificação das identidades raciais e fortalecimento coletivo e individual. Conforme podemos ver a seguir:

> En esta medida la etnoeducación, como sistema, constituye un proceso a través del cual los miembros de un pueblo internalizan y construyen conocimientos y valores, y desarrollan habilidades y destrezas de acuerdo con sus características, necesidades, aspiraciones e intereses culturales, que les permiten desempeñarse adecuadamente en su medio y proyectarse con identidad hacia otros grupos humanos.
>
> Así pues, la etnoeducación es un proceso de recuperación, valoración, generación y apropiación de medios de vida que responde a las necesidades y características que le plantea al hombre su condición de persona[...]
>
> Los procesos etnoeducativos deben hundir sus raíces en la cultura de cada pueblo, de acuerdo a los patrones y mecanismos de socialización de cada uno en particular, propiciando una articulación a través de una relación armónica entre lo propio y lo ajeno en la dimensión de interculturalidad.. [...] (ARTUNDUAGA, 1997, p. 39).

Para o professor e sociólogo colombiano Luis Alberto Artunduaga (1997), a Etnoeducação é vista como um sistema educacional em que membros de um povo internalizam seus conhecimentos e valores a fim de construí-los, desenvolvendo habilidades e destrezas de acordo com seus interesses culturais, necessidades e aspirações. Permite que se projetem suas identidades junto a outros grupos humanos, podemos dizer, através da autoafirmação coletiva, sendo um processo de recuperação e valorização, geração e apropriações dos meios de vida às personalidades. Os processos de Etnoeducação devem emergir das raízes culturais de cada povo de acordo com os patrimônios e mecanismos de socialização de cada um, para garantir uma articulação harmoniosa em relação a si próprio e na dimensão da interculturalidade. E complementa:

> La etnoeducación es monolingüe, bilingüe o multilingüe, ubicando la lengua materna, como elemento de identidad y estructuración del pensamiento, en el primer lugar de los procesos etnoeducativos. La etnoeducación es intercultural. Debe partir del conocimiento, análisis, valoración y afirmación de la identidad étnica propia, y proyectarse hacia el abordamiento de conocimientos y tecnologías producidos por otros grupos humanos, desde la perspectiva de articulación cultural comunitaria. La etnoeducación se ubica dentro de los esfuerzos de los grupos étnicos por definir y

construir un proyecto de sociedad y de vida acorde con sus criterios y aspiraciones.

La etnoeducación exige un replanteamiento de los fundamentos, los elementos y las funciones curriculares en su conjunto, a partir del pensamiento, cosmovisión y situación histórica de cada pueblo. La etnoeducación plantea la necesidad de una coordinación interinstitucional clara, estrecha y decidida, para que las respuestas pedagógicas y administrativas sean coherentes y adecuadas, propendiendo a una relación de respeto y de diálogo entre los organismos gubernamentales, no gubernamentales, comunidades étnicas, sus autoridades y organizaciones (ARTUNDUAGA, 1997, p. 43).

Segundo o autor, Etnoeducação é monolíngue, bilíngue ou com linguagens múltiplas, articulando a linguagem materna como primeiro elemento de identidade e estruturação de pensamentos nos processos educativos. Também é intercultural, partindo do conhecimento, análise, valorização e afirmação da própria identidade étnica, se reafirmando frente aos outros conhecimentos e tecnologias produzidos pelos outros grupos, numa articulação cultural comunitária.

Define-se pelo esforço de grupos étnicos por construir um projeto de sociedade e de vida de acordo com seus critérios e aspirações. Exige um replanejamento dos fundamentos, dos elementos e das funções curriculares em seu conjunto a partir do pensamento, da cosmovisão e da situação histórica de cada povo. Coloca a necessidade de uma coordenação interinstitucional clara, estreita e decidida em apresentar respostas pedagógicas e administrativas que sejam coerentes e adequadas.

A Etnoeducação, segundo o autor acima, precisa do estabelecimento de uma relação de respeito e diálogo entre organismos governamentais, não governamentais, comunidades étnicas, suas autoridades e organizações[15].

A autora Rocío Vera dos Santos (2015), analisando a educação intercultural e inclusiva construída pelos afro-equatorianos, conhecimentos que

---

[15] O Sociólogo e professor de Educação Básica, Luis Alberto Artunduaga, apresenta suas teorizações como resultado de um programa realizado a partir de um sistema governamental que tinham níveis nacional, departamental e local. Envolviam o desenvolvimento de ações etnoeducativas em 80% dos grupos étnicos da Colômbia: junto a 67 de um universo de 84 povos indígenas, negros e enraizados ou raizales. "Los raizales son una comunidad étnica, porque tienen su propia lengua y cultura desarrollada a partir de sus raíces africanas, europeas y caribeñas. Sus raíces culturales afro-anglo-antillanas se manifestan en una fuerte identidad cultural que se diferencia del resto de la población colombiana" (site da Unirosario).

serão retomados nos artigos a seguir, nos leva a concluir que a Etnoeducação consiste na "recuperação da memória e da tradição oral" (SANTOS, 2015, p. 236-237). Essa retomada da tradição oral permitiu aos afro-equatorianos construir uma filosofia, uma epistemologia própria e um "lugar de enunciação", de falar por eles próprios, de assumir um lugar histórico, um falar, um passado e um patrimônio próprio, que tem como base a aplicação de "políticas de representação", isto é, construção de novas identidades, etnicidades e sujeitos, com essa proposta. É essencial que esta proposta, ao entrar na Educação oficial, permita um reconhecimento de suas participações, assim como a valorização e o uso de conhecimentos que provêm de comunidades afro-equatorianas, descritas em seu artigo, em processos educativos e de valorização.

Mas reconhece, como ainda ocorre no Brasil, que as normativas legais construídas a partir de anos de luta e resistência afro-equatorianas ainda não foram plenamente desenvolvidas, precisando dos investimentos e do envolvimento do Estado para o cumprimento do que está referendado na Ley de Derechos Colectivos del Pueblo Afroecuatorianos, para a execução de políticas públicas nesse sentido (produção de orientações e materiais didáticos). E, ainda, há a necessidade do desenvolvimento profissional dos Educadores, pelo SIPROFE - Ministério da Educação, na elaboração de livros e guias que permitam a reeducação das práxis educativas e das gerações futuras, o que possibilitará a construção de uma sociedade intercultural, mais inclusiva e respeitosa, frente à diversidade étnico-racial, desconstruindo as estruturas que reproduzem o racismo nessa sociedade.

Podemos perceber que a Educação das relações értnico-Raciais e a Etnoeducação possuem elementos constitutivos de uma Educação Antirracista. Todos esses conceitos se entrelaçam e nos dão uma visão mais aprofundada, nas análises das práxis educativas ou projetos educativos que visam uma Educação Antirracista e Decolonial, primando também, ou não, por uma Etnoeducação, e desenvolvendo a (re)Educação das relações étnico-raciais.

Observe a ilustração a seguir, que procura mostrar as intersecções existentes entre os conceitos desenvolvidos anteriormente:

Figura 1 – Intersecções entre os conceitos

INTERSECÇÕES ENTRE OS CONCEITOS:
- EDUCAÇÃO DECOLONIAL
- EDUCAÇÃO ANTIRRACISTA
- EDUCAÇÃO DAS RELAÇÕES ÉTNICO-RACIAIS
- ETNOEDUCAÇÃO

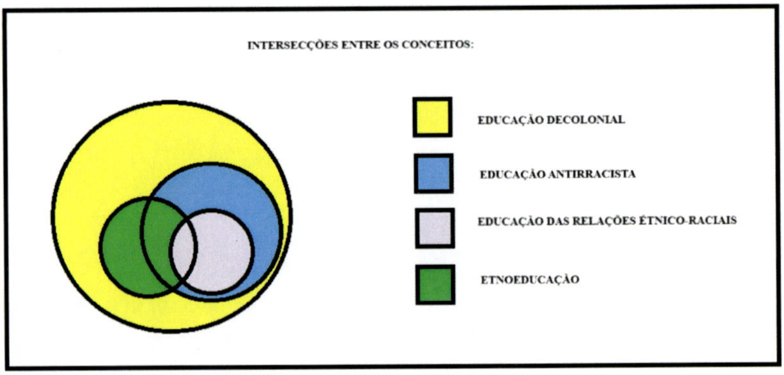

Fonte: a autora (2017)

1.4 O Ensino de História Escolar e de história e cultura afrobrasileira e africana e o papel da professora

Nkyimkyim: Símbolo da resistência, da dialética e do dinamismo na continuidade das coisas através das mudanças.
(Arte Adinkra)

O panorama geral das lutas negras brasileiras, por visibilidade, respeito à história, cultura, memória e educação, para garantir a construção das identidades raciais, denunciando o mito da democracia racial, foi importante para contextualizar a luta que travamos, enquanto professoras e professores, pelo ensino e construção/valorização de História Escolar, que seja inteligível para os alunos das escolas públicas brasileiras, principalmente no que tange ao ensino de história e cultura afrobrasileira e africana, que se estruturou a partir dessa luta histórica de negros e negras.

Essa luta, travada muitos antes de nós, nos mostra como nos fortalecer, para que possamos continuar lutando pelo ensino de nossas histórias, culturas e memórias negras. Isso é fundamental, conforme vimos no primeiro capítulo, para a construção das identidades e das solidariedades raciais e para o fortalecimento coletivo de negros e negras brasileiros enquanto povo (MARÇAL, 2011).

Proporei uma reflexão, principalmente, sobre qual seria o papel de professores e professoras, focalizando as professoras negras, quanto à sua prática de magistério, seu lugar de fala e sua vivência, exclusivamente, junto ao ensino de história, e quanto ao desenvolvimento de uma educação e ensino de história antirracista e decolonial. A reflexão sobre os papéis políticos de professores e professoras (principalmente as negras) junto de escolas públicas, em que a maioria ainda se vê negada, silenciada e invisibilizadas sobre a sua importância histórica, social, econômica, política, cultural, também entrará na baila.

Levantarei questões que dizem respeito aos nossos desafios em relação ao estabelecimento de novas relações interpessoais, interétnicas, multirraciais e negras, na constituição de pertencimentos e subjetividades negras. E sobre a importância do amor, da afetividade como estratégia social e política de estabelecimento de pertencimentos negros, de igualdade e de direito à humanidade, será abordado em subcapítulo à parte.

Ana Maria Monteiro (2010) nos convida a perceber a História escolar como campo legítimo de construção de conhecimento. Com peculiaridades específicas em relação às necessárias transposições didáticas, mas como aquela que alimenta e é alimentada pela História da academia.

A História Escolar se mostra sempre atenta em realizar as transposições didáticas, de modo que alcance a compreensão dos alunos, determinando que os historiadores estejam atentos, inclusive, às vivências históricas dos envolvidos nos processos educativos. A História, também segundo a autora, à luz de outros historiadores, é autoinstrutiva, pois viver é conhecer, e este é um processo histórico, logo, pedagógico. Um conhecer atento para uma narrativa comprometida com a verdade, sabendo que esta ação, muitas vezes, está impregnada de escolhas subjetivas por parte dos envolvidos. A narrativa da verdade, da realidade, daquilo que aconteceu, nasce da memória, se alimenta dela e a salva do esquecimento, conforme nos conta Le Goff (1996, p. 477): "a memória, onde cresce a história, que por sua vez a alimenta, procura salvar o passado para servir ao presente e ao futuro".

Neste aspecto, sobre a discussão de memória, é necessário retomar o que nos ensina Ana Luíza Flauzina (2008), quando nos faz refletir sobre a importância de lutarmos a respeito do resgate e da valorização da memória do povo negro como elemento fundamental, pois é formador das identidades. Possibilidade esta que nos foi negada e retirada no decorrer da História do Brasil e da Educação. Faz nos refletir também a respeito de como isso compromete a construção de nossa identidade e tem íntima relação com a negação de nossa História. Apesar da aprovação das leis 10.639/03 e 11.645/08, elas não vêm sendo respeitadas e ensinadas plenamente em todas as escolas de Educação Básica brasileira, a nossa história e cultura afrobrasileira, africana e indígena. Afirma ainda que: "[...] a identidade é o produto de uma sedimentação efetiva da memória e da trajetória histórica de determinado segmento no imaginário" (FLAUZINA, 2008, p. 126).

A autora Ana Maria Monteiro (2010) expressa ainda que a História alimenta a memória coletiva, não mais sob os ditames apenas do que é enquadrado como importante pelos Estados, mas também a contrapelo: reivindica as memórias dos negados, dos vencidos, dos historicamente silenciados e excluídos. A História, a contrapelo, aparece como instrumento de resistência para se oporem às dominações políticas externas às escolas. Portanto, a história ensinada permite que os jovens, juntamente com os adultos, (re)construam uma história hoje, sendo objeto de disputas e conflitos, também entre as gerações envolvidas. Sob crises políticas, disputas de poderes nas esferas públicas e privadas, no que tange as versões de narrativas sobre a realidade e a cultura.

Considerando as perspectivas dos alunos, que estão envolvidos nesse processo dinâmico e complexo de fazer da História escolar, como instrumento para realizar a análise crítica da realidade, a autora recorre a Alileu (1995) e Crubellier (1991) e considera três visões em crise na atualidade:

> A História deve ser uma História capaz de ser compreendida pelos alunos. Atualmente, as modalidades de transmissão mais valorizadas, entre elas, a história- problema, os métodos ativos, a pedagogia da descoberta, a reflexão sobre o sistema-mundo, práticas oriundas da exploração da pesquisa em História e da Psicopedagogia, são em sua visão, principalmente proveitosas para os melhores alunos. Essas práticas, que colocam o aluno em situação de construção de saberes, estão muito distantes das referências culturais amplas da maioria deles e da tradição discursiva ainda dominante no ensino; A construção do sentido: para alguns alunos, há um recorte radical entre o mundo da escola e os referenciais que utilizam no cotidiano. A História, para estes, não serve para nada. Faz-se necessário buscar soluções originais que contemplem as diferenças culturais e que possibilitem a cada indivíduo assumir sua subjetividade, numa dimensão que dê conta também de aspectos universais da formação humana;

> A memória: em nosso universo ocidental multicultural, sobre quais raízes construir, qual memória ensinar hoje em dia? Até muito recentemente, operávamos a partir de uma escolha realizada pelo estado, que definia que passado seria necessário conhecer e lembrar. Hoje confronta-nos o desafio de contemplar a multiplicidade do mundo e sua indeterminação para auxiliar nossos alunos a construir sua memória e suas identidades a partir de uma História que considere as rupturas, conflitos, crises públicas e privadas, em suas infinitas diferenças (MONTEIRO, 2010, p. 109-110).

Portanto, a História escolar é essa que, partindo da História acadêmica, se reinventa, tendo os professores e os alunos como sujeitos históricos que precisam ser ouvidos e precisam ser lembrados e reverenciados em sua subjetividade, memória e história, capazes de contemplarem e construírem, nesse processo, as suas identidades. É uma História que possuiu uma militância que a credita poderes de mudança, poderes revolucionários, sendo vista, aqui no Brasil, como capaz de romper com as estruturas tradicionais, pois faz-se livre da História oficial tradicional.

Nesse sentido, nos permite ver a História Escolar como a História rebelde, a História desobediente, podendo ser a causa de ser tão discriminada e perseguida na atualidade, uma vez que está comprometida em ouvir as verdades que antes ninguém queria ou tinha permissão de narrar. Portanto, sem perder a sua dimensão política e de formação de cidadania, a relação profunda e complexa com o ensino de história, com a cultura e a produção de memórias (MONTEIRO, 2010). Discussão essa que tem relação direta com a discussão decolonial, que explicamos anteriormente.

O que dialoga com a necessidade de se construir uma História Escolar comprometida com as Histórias e as Memórias de negros e negras: uma História que, de fato, inclua a importância cultural, histórica, política e social da construção de conhecimentos pelos e com a valorização dos sujeitos que, há muito tempo, vêm sendo excluídos e marginalizados em nossa sociedade brasileira. E nos mostra ainda a importância de professores e professoras respeitarem e buscarem a construção de uma História Escolar que valorize o ensino de história e cultura afrobrasileira e africana (indígena), para com alunos e alunas (negras/indígenas) nas escolas públicas de Educação Básica, pois:

> O viés eurocêntrico que permeia a produção intelectual no Brasil acaba por produzir uma educação silente no que tange às contribuições de negros e índios na formação histórica

> e cultural do país. A lei n. 10.639, de 9 de janeiro de 2003, que torna obrigatório o ensino sobre História e Cultura Afrobrasileira nos estabelecimentos de ensino fundamental e médio, oficial e particulares, é um elemento importante para o argumento que estamos sustentando. Resultado das conquistas dos movimentos negros na luta pela inclusão de conteúdos escolares, a enunciação de uma lei como essa é, antes de tudo, a confissão de que falta aporte histórico e simbólico próprio da população negra nos espaços oficiais de ensino. A transmissão de conteúdos, a partir de matrizes exclusivamente eurocêntricas, tem servido de baliza para a construção da pauta pedagógica no país e serve estrategicamente de obstáculo às possibilidades de uma retomada histórica de consciência coletiva do agrupamento negro a partir de espaços formais (FLAUZINA, 2008, p. 124).

Para construir essa História (Escolar), que tem como arena principal o ensino da história, cultura e memória dos silenciados, é necessária a formação de uma geração de professores tão transformadores quanto.

A constituição de professores que se vejam como personalidades de mudança, vendo o ensino como um de seus projetos principais, como uma paixão e um compromisso duradouro, como um bem, com significado pessoal e propósito público na vida dos professores, é como conceitua Ivor Goodson (2007). Personalidades de mudança são professores que tenham uma atuação política para a mudança, para a transformação. Esses professores perseguem a concepção de um novo currículo[16], que parta das

---

[16] É preciso explicitar ao que se compreende como currículo nesse estudo. Retomamos o que nos ensinam Moreira e Silva (1994): se distingue por um campo pedagógico e político, dinâmico e sempre em disputas entre as classes sociais, que conceitua as atividades educativas desenvolvidas pelas instituições educacionais. Englobam esforços e intenções político-pedagógicas dos profissionais da Educação, em tempos e espaços educativos formais. Em ensinar conteúdos, levando em consideração o que foi produzido historicamente pela humanidade e conhecimentos, saberes, a (re)produção de identidades e também práticas socioculturais desenvolvidas por um dado grupo social, assim reflete interesses e necessidades envolvidos. O currículo está totalmente implicado em relações de poder, impregnado por uma dada organização sociopolítica de um determinado período histórico, espelhando visões e interesses particulares e coletivos. Grosso modo, associa-se o currículo ao conjunto de esforços pedagógicos desenvolvidos com intenções educativas (MOREIRA; CANDAU, 1996). Na atualidade, estão discutindo a Base Nacional Comum Curricular (BNCC), que tem como desafio responder à ampliação da obrigatoriedade da Educação Básica, expandida em 2013, pela LDB/96. Este instrumento de referência curricular pretende sinalizar, nortear e regular os conhecimentos indispensáveis, as habilidades e competências fundamentais que deverão ser alcançadas e perseguidas em cada etapa da Educação Básica e está recebendo várias críticas de especialistas em Educação e da sociedade brasileira de maneira geral, tanto pelo objetivo maior quanto pelo seu processo de consulta e construção. Discussão iniciada em 2014, com o Ministro Renato Janine Ribeiro, prevista na LDB/96 e no Plano Nacional de Educação, ainda está em curso, em fase de conclusão. Está no epicentro, por exemplo, da polêmica sobre a não obrigatoriedade aprovada, quanto ao ensino de Educação Física, Artes, Sociologia e Filosofia e a inserção do Ensino Religioso. No novo Ensino Médio, com forte teor neo-tecnicista. Essa pesquisa, portanto, não pretende realizar essa discussão, visto que ainda está em fase de conclusão.

narrativas dos alunos: um currículo narrativo, que não seja puramente prescritivo, ditado pelo Estado, por autoridades acadêmicas distantes das salas de aula, o que está de acordo com Ana Maria Monteiro (2010).

É importante o desenvolvimento de um novo currículo[15] que valorize as histórias de vida, as trajetórias, as expectativas e os sonhos dos envolvidos no processo de ensino-aprendizagem, construindo assim um novo ensino de História escolar, como o do fim da ditadura militar na década de 1980, sendo fortalecida com a Constituição Cidadã de 1988, conforme trata Ana Maria Monteiro (2010) e outros.

É necessário um novo ensino de História, que parta da audição, da leitura, da observação, do registro e da valorização das histórias de vida, de projetos e de ideias dos próprios professores e dos alunos. Um ensino de História que se redefina a partir das narrativas dos alunos, contemplando e valorizando suas memórias, suas histórias, suas culturas, seus sonhos, seus planos de vida. É esperado que potencialize os alunos a materializarem essas narrativas, personificando neles a vontade ou a própria mudança: possibilitando o desenvolvimento de um currículo, portanto, narrativo, na escola e na sociedade em que estão inseridos. Um currículo de História realmente inclusivo das diferenças, numa outra nova Educação Decolonial. Goodson explica sobre o currículo narrativo:

> É o que tento estudar e temos conversado sobre isto em trens e aviões nas últimas semanas: se uma determinada forma de capital eu chamaria "capital narrativo" – em outras palavras, o modo como as pessoas teorizam, projetam, histórias de vida e suas orientações – será uma nova forma de capital cultural que inaugurará um novo modo de reprodução social. Isto que procuro e penso ser uma linha de pesquisa animadora e instigante, de estímulo e curiosidade, não apenas porque é de interesse acadêmico para mim, mas porque tem um potencial significativo para alterar as modalidades sociais de mudança (GOODSON, 2007, p. 82).

Vislumbra-se a necessidade da formação de um outro professor ou professora que potencialize, com posicionamento comprometido e político, a constituição também de uma nova Educação, defendida aqui como decolonial. A defesa também por uma Educação antirracista nas escolas públicas, tendo como espinha dorsal, para o desenvolvimento de uma educação transdisciplinar; o ensino de História, valorizando e tirando da subalternidade, a História dos silenciados, dos vencidos. Uma formação que potencialize o professor como:

> [...] alguém com uma compreensão razoável da sociedade em que estamos vivendo e das pressões econômicas às quais estamos submetidos. Alguém que possa desenvolver uma política estratégica criando alternativas para a situação, assim como temos tentado pensar no decorrer destas entrevistas. Seria precisamente um tipo de pessoa reflexiva, pessoa prática que pensa profundamente sobre estes espaços e diálogos humanos necessários para projetar uma sociedade futura. Essas pessoas – se em posições de liderança – poderiam transformar o ensino e certamente o trabalho na universidade (GOODSON, 2007, p. 109-110).

Essa nova Educação e novo ensino de História necessitam e potencializam os professores enquanto intelectuais orgânicos: aqueles que surgem, enquanto sujeitos atuantes e pensantes, pertencentes a um dado grupo social, que analisam criticamente e tenham ação dialética na/da História, na sociedade da qual fazem parte. Intelectuais que materializam/praticam/ executam suas práxis educativas, novas formas de ensinar a História e uma nova História, visando a mudança de uma dada situação ou realidade educativa. Potencializa a autotransformação, à medida que transformam tempos e espaços educativos, juntamente com outros sujeitos históricos. E que nessas trocas complexas por novos significados e sentidos de educar, de se ensinar História, haja novas teorias, a partir da ação dialética e dialógica sobre o mundo e a partir das múltiplas interações com os outros sujeitos históricos.

> Como o teórico social italiano Antonio Gramsci, Freire redefine a categoria de intelectual e argumenta que todos os homens e mulheres são intelectuais. Isto é, independente de sua função social e econômica, todos os seres humanos atuam como intelectuais ao constantemente interpretar e dar significado a seu mundo e ao participar de uma concepção de mundo particular. Além disso, os oprimidos precisam desenvolver seus próprios intelectuais orgânicos e transformadores que possam aprender com tais grupos e ao mesmo tempo ajudar a fomentar modos de educação própria e luta contra as várias formas de opressão. Neste caso, os intelectuais são orgânicos no sentido de que não são membros externos que trazem a teoria para as massas. Pelo contrário, eles são teóricos organicamente mesclados

com a cultura e atividades práticas dos oprimidos. Em vez de casualmente dispensarem conhecimento às massas agradecidas, os intelectuais fundem-se com os oprimidos a fim de fazer e refazer as condições necessárias para um projeto radical (GIROUX, 1997, p. 154).

Nesse aspecto, portanto, os professores se apresentam como intelectuais transformadores, que dialeticamente pensam, agem e repensam, escrevem e teorizam suas práxis para aperfeiçoamento e transformação constante do ensino, de maneira geral, numa procura constante para realização da transformação/mudança de uma dada realidade em que estejam inseridos. Havendo a construção de uma contra-hegemonia, juntamente com outros pares, sendo organicamente parte desses grupos subalternos. Havendo a credibilidade na transformação da realidade educacional, a partir do respeito ao ensino obrigatório de história e cultura afrobrasileira e africana, acreditando que é possível a construção de outras relações étnico-raciais no seio das escolas públicas e o estabelecimento de uma Educação Antirracista e decolonial. O alcance de um posicionamento político, pela transformação não somente da Educação da qual faz parte, mas, pluralmente, da sociedade na qual estão inseridos. Intelectuais orgânicos, como distingue o próprio Antonio Gramsci (2006):

> Gramsci elabora seu pensamento a partir de uma perspectiva antitética, ou seja, o lugar de onde fala é, pela sua origem e sua história pessoal, sempre da perspectiva dos grupos subalternizados. Suas formulações teóricas sempre buscaram elucidar possibilidades de subversão da hegemonia dominante pelas classes ou grupos subalternizados italianos do campo e da cidade do início do século XX. A sua visão sobre o problema dos intelectuais, portanto, tem como objetivo a superação da condição de dominação por meio de uma contrahegemonia.

> Grosso modo, na perspectiva político-ideológica de Gramsci, está o interesse em elucidar a possibilidade de os grupos "subalternos" realizarem a transição de um estado de "consciência empírico" para um estado de "consciência possível" ou emancipada (EAGLETON, 1997, p. 110). Essa transição se faria através da mediação do trabalho efetivo dos intelectuais. Daí a ideia de que qualquer grupo social para ser hegemônico (ou contra-hegemônico) deve criar os seus próprios "intelectuais orgânicos" (MARÇAL, 2012, p. 64-65).

A busca pela mudança do currículo escolar como um todo, tendo o ensino de História como eixo articulador primordial para tal, assim como para promover relações étnico-raciais mais equânimes, dentro dos tempos e espaços escolares e uma Educação Etnoeducadora (promotora de constituição de novas identidades negras), é uma discussão fundamental e urgente. Para tal, é preciso atentar para a não reprodução de práticas e discursos racistas nos espaços de sala de aula e outras áreas de aprendizagem e interação da escola. Estamos falando aqui da necessidade de se descontruir os preconceitos e discriminações reproduzidos no âmbito da escola, a fim de se processar uma Educação Antirracista e uma transformação estrutural, orgânica das relações interpessoais e interétnicas, e da construção dos pertencimentos negros.

Falamos da necessidade dos professores perceberem-se também enquanto agentes dessa transformação, interna e externamente. Tal reparação histórica é necessária especialmente para com as populações negras atendidas pela escola. Faz parte de uma decisão política pela luta contra toda forma de subalternização, de discriminação, de inferiorização, sendo pedagógico, potencializar estudantes enquanto seres sociais, críticos e transformadores, contra-hegemônicos, na sociedade atual. Deve-se, então, estabelecer o ensino de História como eixo da transformação epistêmica e curricular. Para que os estudantes sejam críticos e ativos, os professores precisam se colocar como intelectuais de mesma natureza, como complementa Henry Giroux (1997) abaixo:

> Num sentido mais amplo, os professores como intelectuais devem ser vistos em termos dos interesses políticos e ideológicos que estruturam a natureza do discurso, relações sociais em sala de aula, valores que eles legitimam em sua atividade de ensino. Com essa perspectiva em mente, gostaria de concluir que os professores deveriam se tornar intelectuais transformadores se quiserem educar os estudantes para serem cidadãos ativos e críticos.[...]
>
> Os intelectuais transformadores precisam desenvolver um discurso que una linguagem da crítica e a linguagem da possibilidade, de forma que os educadores sociais reconheçam que podem promover mudanças. Desta maneira, eles devem se manifestar contra as injustiças econômicas, políticas e sociais dentro e fora das escolas. Ao mesmo tempo, eles devem trabalhar para criar as condições que deem aos estudantes a oportunidade de tornarem-se cidadãos que tenham o conhecimento e coragem para lutar a fim que o

desespero não seja convincente e a esperança seja viável. Apesar de parecer uma tarefa difícil para os educadores, esta é uma luta que vale a pena travar. Proceder de outra maneira é negar aos educadores a chance de assumirem o papel de intelectuais transformadores (GIROUX, 1997, p. 162-163).

Na defesa da formação de professores, transformadores, agentes da transformação, chegamos na ação transformadora também de professores e professoras negras. Nós temos a necessidade de potencializar para que alunos e alunas também sejam sujeitos críticos e ativos na sociedade, junto a alunos e alunas negras na periferia, uma vez que representamos a referência (negra) máxima, no sentido de sucesso, que esses alunos terão contato em suas vidas, na grande maioria das vezes. Infelizmente, isso é muito comum e fruto de todas as desigualdades socioeconômicas e políticas decorrentes da tardia e mal feita "abolição da escravatura", como vimos nos capítulos anteriores, impregnadas e respaldadas por um racismo de cunho teológico, (pseudo)científico, cultural, individual e até ambiental, ainda existente e persistente em nosso país, fruto da colonialidade que ainda paira no ar.

Muitas vezes, ocorre dos professores serem os únicos exemplos positivados e "bem-sucedidos" na visão de mundo marginalizada dos alunos, principalmente aqueles das periferias urbanas. Portanto, há a necessidade de combater a reprodução de todos os valores racistas e excludentes que nos foram ensinados em nossa educação formal e informal, estruturalmente educados em nossas relações socioeconômicas, políticas e culturais. Outro grande desafio político ao perseguir a transformação da Educação, a conquista de uma Educação Decolonial, é a não naturalização/perpetuação da hierarquização/inferiorização racial entre os alunos, é a luta contra a existência dominada e desumanizada. A luta pelo reconhecimento e visibilidade em relação à existência de outros poderes, seres, saberes (MIGNOLO, 2003).

Há ainda a necessidade da não reprodução de narrativas meritocráticas, de que o fracasso de um sujeito é decorrente, necessariamente, de sua falta de esforço individual, ignorando as graves desigualdades socioeconômicas e políticas, como herança do longo período de escravização brasileira. Portanto, na escola, é urgente a mudança das práticas discursivas para a não reprodução dos demais preconceitos que, estruturalmente, somos sempre ensinados "cordialmente" a proferir. Conforme Claudia Miranda e Fanny Milena Quiñones Riascos (2016):

> Ao consideramos a questão educacional com o foco tanto no currículo quanto nas práticas discursivas adotadas no exercício da profissão docente, nenhum país com um histórico de desmantelamento absoluto – incluindo o genocídio e a violência extrema-, poderá negar as consequências profundas desses arranjos e mutações (MIRANDA e RIASCOS, 2016, p. 556).

A transformação do currículo de História em uma História para todos: reafirma a importância histórica de todos os alunos, negros, brancos, indígenas e de outras raças, valorizando as suas histórias e memórias de dores, resistências e conquistas. Uma História que não desminta ou se omita diante da existência dos tipos de racismo no Brasil, a fim de nunca permitir a banalização e os silenciamentos de situações que, como reflexos estruturais, ocorrem entre alunos e profissionais da Educação, dentro das escolas. Silenciamentos que contribuem para a manutenção do mito da democracia racial, como vimos nos capítulos anteriores. E como complementa Antônio Marçal (2012), falando sobre o racismo na escola:

> Analisando a literatura sobre discriminação racial na escola, Telles (2003) aponta as várias manifestações desses preconceitos e discriminações raciais no ambiente escolar. Entre as evidências de discriminação racial na escola, estão o comportamento de professoras com relação aos seus alunos negros, isto é, mais afetuosas e amigáveis com os alunos brancos e, consequentemente, mais distantes dos alunos negros (MARÇAL, 2012, p. 37, *apud*. TELLES, 2003, p. 239).

Faz-se necessário e urgente que a escola seja lugar do exercício da cidadania por todos, de novas formas de Educar, aprender e ensinar, de denúncias, de injustiças. Acima de tudo, que seja um lugar de desconstrução de racismos: que o ensino de História seja um dos meios de comprovação dessas denúncias, não mais como um meio para a perpetuação de ideologias supremacistas. E que a escola, como nos ensina Gramsci (2006), não seja mais uma das principais instituições educativas para a (re)produção hegemônica[17] sobre uma dada sociedade, que faça, portanto, prevalecer como norma a visão de sistema-mundo do branco europeu. Portanto, a escola pode ser aparelho ideológico de poderes outros, ou melhor, a

---

[17] Hegemonia - conceito que se distingue por um controle moral, político e intelectual de um determinado grupo sobre o outro.

escola também tem, dentro dela mesma, um caráter contra-hegemônico ou, conforme vimos anteriormente, a possibilidade de ser um lugar de Educação decolonial.

Para professoras e professores que atuam junto aos espaços públicos, há o desafio de articulação como intelectuais transformadores. Desenvolve-se, assim, uma articulação política, pedagógica e histórica como agentes da mudança em relação ao currículo, aos métodos, às avaliações, sendo autorreguladores nesses tempos e espaços escolares e para além deles. A seguir, será destrinchado ao máximo todas as nuances dessas relações entre professores e alunos.

Aprofundaremos a discussão sobre ação-reflexão político-pedagógica de professoras negras, analisando como se estabelecem (ou não) as relações de afeto nos espaços educativos de salas de aula, quais as formas e a qual importância dessa relação para negros e negras nas escolas públicas, no subtítulo a seguir.

1.5 Relações de afeto e pertencimentos em sala de aula: um diálogo necessário

O poder do amor.

(Arte Adinkra)

Ensinar com afeto e amorosidade na Educação Básica pública é ter o amor como ato político (FREIRE, 1987). Principalmente frente aos graves entraves atuais, que dizem respeito a uma série de novas regulações, ditados de cima para baixo, de agentes e agências externas à escola e aos Sistemas de Ensino, inclusive de instâncias internacionais. Interferências alheias ao trabalho educativo implementam mudanças educacionais, com a premissa de oferecer uma Educação como mercado ideológico, mercantilizado, coisificado, onde as pessoas são mercadorias, parte do domínio hegemônico. Estes agentes veem a Educação como mercadoria a ser vendida ou comprada (APPLE, 1989). Logo, amar a Educação pública é ser contra-hegemônico, é ser um intelectual transformador.

Amar o que se faz no ensino, mas consciente dos direitos trabalhistas, é um ato de amor, de desobediência epistêmica e de coragem em ser personalidade de mudança ou intelectual transformador (GIROUX, 1997). Num mundo globalizado, sob ditames do capital que tudo mercantiliza ou, se muito reivindicatório, se não for lucrativo, fecha.

Segundo reflexões de Ivor Goodson (2007), cada vez mais assistimos que espaços que prezam pelo pensamento, reflexão, que reivindicam espaços e tempos de diálogos para cultivar a escuta (FREIRE, 1996) estão sendo fechados, logo os que se dedicam historicamente às Artes, à Cultura e às Ciências Sociais e Humanas. Fato este ocorrido na Europa a partir de 2008 e que presenciamos na atualidade aqui no Brasil, como por exemplo os fechamentos de escolas.

Nós, professores, temos o desafio de resistir, lutar e amar/cuidar desses tempos, espaços e pessoas, mas, enquanto intelectuais orgânicos, transformadores ou personalidades de mudança, partir do amor enquanto ato político, para fortalecer os laços afetivos necessários para a construção das identidades e solidariedades raciais ou do pertencimento de fazer parte de um dado agrupamento ou de um coletivo. Questão indispensável para a tecitura de relações positivas entre alunos e professores, principalmente entre professores e alunos negros.

Parto do lugar de fala de uma mulher negra brasileira que, diante de tantas desigualdades socioeconômicas e políticas, fruto de uma herança escravocrata, resistiu e se tornou professora. Professora que está aprendendo a amar como ato político, de resistência e autoatualização: modificação intelectual, espiritual, que parte da ação dialógica para (auto) educar como ato de liberdade (HOOKS, 2017). Recorro agora às palavras iniciais de Bell Hooks (2011), para exprimir o que sentimos neste lugar de existência:

> Se considerarmos a experiência do povo negro a partir dessa definição, é possível entender por que historicamente muitos se sentiram frustrados como amantes. O sistema escravocrata e as divisões raciais criaram condições muito difíceis para que os negros nutrissem seu crescimento espiritual. Falo de condições difíceis, não impossíveis. Mas precisamos reconhecer que a opressão e a exploração distorcem e impedem nossa capacidade de amar. Numa sociedade onde prevalece a supremacia dos brancos, a vidas dos negros é permeada de questões políticas que explicam a interiorização

do racismo e um sentimento de inferioridade. Esses sistemas de dominação são mais eficazes quando alternam nossa habilidade de querer e amar. Nós negros temos sido profundamente feridos, como a gente diz, "feridos no coração", e essa ferida emocional que carregamos afeta nossa capacidade de sentir e consequentemente, de amar. Somos o povo ferido. Feridos naquele lugar que poderia conhecer amor, que estaria amando. A vontade de amar tem representado um ato de resistência para os Afro-americanos (HOOKS, 2011, p. 1).

Nós, negros, temos tentado amar intensamente para nos livrarmos das feridas em nosso peito. Reflexo também de um banzo que temos de um lugar que não sabemos, de uma avó bem antiga que ninguém se lembra, de um coletivo que não temos memórias, que nos leve a identidades raciais ancestrais. Mas o amor se materializou nas resistências negras brasileiras muito antes de nós, por exemplo, nas expressões culturais e corporais, como o samba de roda e o jongo, a força e a presença de nossa corporeidade, que retratam, sempre, memórias de cativeiro, de amor, de dor, de resistências.

Ao conversarmos com os alunos sobre suas histórias de vida, para a construção de um currículo narrativo (GOODSON, 2007), com a valorização dos saberes dos mesmos, vemos que muitos possuem uma sequência de histórias de brutalidade e de dores, feridas no corpo e na alma expostas desde a época da escravização, pois, como também nos mostra Hooks (2011), culminou num despreparo para amar, que permanece no período pós-colonial.

Muitos dos projetos educativos desenvolvidos ao longo de meu exercício de magistério possuem caminhos desenhados a partir do conhecer e ouvir histórias de vida contadas pelos alunos, assim como as minhas. Histórias orais que mostram uma ferida visceral e profunda na vida de crianças e adolescentes negros. Histórias que retratavam violências domésticas, estupros, feminicídios, corpos marcados, adoecidos, abandonos e divórcios dolorosos, que foram capazes de liberar, junto à professora negra, uma identificação pela dificuldade de amar. Dificuldades inclusive de amar nossa estética, nossos corpos, nossos cabelos. Dificuldade de se livrar de uma repressão dos sentimentos, da repressão à necessidade do toque, que se transformou em afetividade nos tempo e nos espaços educativos. Despertou um compromisso pelo lugar de fala de uma intelectual orgânica que foi se formando no seio das relações étnico-raciais de dor, resistência e amor. Pois:

> Somente em espaços de resistência cultivados com muito cuidado, podiam expressar emoções reprimidas. Então, aprenderam a seguir seus impulsos somente em situações de grande necessidade e esperar o momento "seguro" quando seria possível expressar seus sentimentos. Num contexto onde negros nunca podiam prever quanto tempo estariam juntos, que forma o amor tomaria? Praticar o amor nesse contexto poderia tornar uma pessoa vulnerável a um sentimento insuportável. De forma geral, era mais fácil para os escravos se envolverem emocionalmente, sabendo que essas relações seriam transitórias. A escravidão criou no povo negro uma noção de intimidade ligada ao sentimento prático de sua realidade. Um escravo que não fosse capaz de reprimir ou conter suas emoções, talvez não conseguisse sobreviver (HOOKS, 2011, p. 2).

A prática de reprimir os sentimentos como forma se manter vivo ainda é utilizada pelos negros até hoje em nosso país. Pelos relatos dos alunos, percebi em vários momentos que, assim como também aconteceu comigo, foram ensinados desde cedo que não podem demonstrar os sentimentos, serem "muito bonzinhos, para não passarem como bobos".

No país em que as meninas são tidas como frágeis e que "homem, que é homem, não chora", há toda uma conotação machista: herança de uma hetero-patriarcalidade, advinda dos Senhores do Engenho. Machismo semeado como sinônimo de força, esperteza e como um aspecto positivo. Muitas crianças realmente aprendem a engolir suas lágrimas e a não chegar chorando em casa, com ameaça de realmente terem motivos para chorar ao "lanharem" seus corpos. Expressando a necessidade de sobreviver como mais importante do que de amar. Subvertendo a memória ancestral das sociedades matrilineares de onde são advindos os africanos de seus reinados e civilizações.

Nós, professores, devemos tecer relações com fraternidade e amorosidade. Ao tecermos relações de afeto com os alunos e provermos, entre os alunos (como os outros professores), o afeto como outra forma de desenvolver a subjetividade, identidade e solidariedade racial, nesse processo, é imprescindível tecer a dialogicidade debruçados sobre a realidade, pois: "O diálogo é este encontro dos homens, mediatizados pelo mundo, para pronunciá-lo, não se esgotando, portanto, na relação eu-tu" (FREIRE, 1987, p. 45).

Desenvolver práxis educativas, com e para os alunos: potencializando através da valorização e da contação de histórias negras, também as nossas próprias histórias, com a valorização das histórias orais dos mais velhos, das práticas culturais, das religiosidades de matriz africana, das músicas de cantores e compositores negras e negros brasileiros e com a valorização da estética negra. A construção de um currículo narrativo engloba todos esses conhecimentos, inclusive os produzidos em nossas corporeidades, os conhecimentos que foram historicamente subalternizados e inferiorizados, transgredindo a produção e a valorização de conhecimentos através do poder do amor (HOOKS, 2011). Memórias capazes de potencializar a construção de pertencimentos negros, subjetividades, identidades e solidariedades raciais, conforme menciona Munanga (2008).

Mas precisamos explicar qual é o entendimento sobre afetividade:

> No ponto de vista de Wallon, a construção do sujeito e do objeto com a qual ele construirá seu conhecimento depende da alternância entre afetividade, ou seja, com o modo como o indivíduo vai relacionar o objeto de estudo com o seu cotidiano, discutindo ativamente com o professor, estabelecendo relações mais íntimas com o professor, e a inteligência caracterizada pelo processo de cognição do aluno. De acordo com Wallon na primeira etapa de desenvolvimento, que é correspondente ao primeiro ano de vida do ser humano, o que predomina é a relação com o meio, a afetividade com outros indivíduos, a parte da inteligência ainda não está explícita e o bebê entende por meio de observação, e ainda não é evidenciada a linguagem (DANTAS, 1992, p. 35-44).

Analisando a teoria de Wallon (1968), percebemos que a afetividade surge mais intensamente com a linguagem e potencializa a inteligência. Começa com a formação de diversas sensações da criança, não somente com o pensamento mais sincrético que possui no início de sua vida, mas também diversos outros tipos de pensamentos que a criança possui em que a afetividade é totalmente presente.

A afetividade impulsiona a criança a sair do subjetivismo, capacitando-a para um pensamento mais objetivo sobre a sua ação, permitindo gradativo aumento de concentração naquilo que está desenvolvendo.

Posteriormente, por volta de dois anos, a criança começa a falar e se relacionar mais com as pessoas no ambiente, elaborando um pensamento mais complexo. E este é, mais ou menos, o momento que a criança entra na escola. E a partir disso, a interação afetiva cognitiva, que inclui "o toque, a voz, o olhar, o outro" (ALMEIDA, 2010, p. 31), proporciona mais conhecimentos e elaborações por parte dos alunos e é ampliada a cada fase do indivíduo; à medida que ocorre o seu desenvolvimento motor e cognitivo, permite ao professor negociar os conhecimentos e conversar com cada vez mais caracteres reflexivos. Afetividade e cognição são inseparáveis na formação humana.

Sobre esta interação, Wallon (1968) menciona três conjuntos, de acordo com Almeida (2010): o conjunto afetivo como sendo o grupo caracterizado pelas emoções humanas, pelos sentimentos; o conjunto do ato motor refere-se ao deslocamento do indivíduo ao reagir com determinadas emoções e situações; o conjunto cognitivo, que é caracterizado pela obtenção de conhecimento através de transmissões da informação necessária para adquiri-lo, ou seja, por meio de imagens, vídeos ou sons.

Podemos chegar à conclusão de que, para Wallon (1968), esta interação afetiva cognitiva motora também está entrelaçada na interação com o meio, uma vez que o indivíduo se desloca e reage, de certa forma, aos estímulos que recebe tanto do ambiente como das outras pessoas nele inseridas. Portanto, relações de afeto são primordiais para o desenvolvimento pleno da cognição. Negar o afeto a crianças e adolescentes é privar o pleno desenvolvimento cognitivo dos mesmos, portanto, isso reforça a importância do afeto, da amorosidade nas relações de ensino-aprendizagem.

Nesse processo de desenvolvimento, nós, professores, podemos manifestar a afetividade na maneira como transmite/constrói conhecimentos, na maneira que reconstrói os conhecimentos com o outro, através da escuta (FREIRE, 1996), se narra ou negocia os conhecimentos, junto com o outro, ao demonstrar cuidado com o planejar suas aulas e ao dialogar, orientar, tocar ou observar os alunos.

E a manifestação dessa afetividade, por parte de professores de maneira geral, em relação aos alunos negros, também é fundamental: motivar o mesmo afeto entre eles e por parte de suas famílias é imprescindível para ajudar quanto ao resgate do direito de amar, do direito ao afeto, que vem sendo historicamente negado às crianças, adolescentes, negros e suas famílias. Na ação e reflexão, tendo compromisso com a libertação dos oprimidos, como ato de coragem, pois o diálogo precisa ser ação para libertar mentes e corpos da opressão, como expressão de amor aos homens (FREIRE, 1987). Pois:

O amor, não, porque é um ato de coragem, nunca de medo, o amor é compromisso com os homens. Onde quer que estejam estes oprimidos, o ato de amor está em comprometer-se com sua causa. A causa de libertação. Mas, este compromisso, porque é amoroso, é diálogo. Como ato de valentia, não pode ser piegas; como ato de liberdade, não pode ser pretexto para a manipulação, sendo gerador de outros atos de liberdade. A não ser assim, não é amor. Somente a supressão da situação opressora é possível restaurar o amor que nela esteja proibido. Se não amo o mundo, se não amo a vida, se não amo os homens, não me é possível o diálogo (FREIRE, 1987, p. 45).

Apesar de essa ser uma de nossas privações a que somos submetidos desde crianças, desde a escravidão tem sido curiosamente usada uma emotividade passiva e animalizante, para nos inferiorizar e hierarquizar, frente a uma pretensa racionalidade e inteligência exclusivamente brancas. Como nos mostra Neusa Santos Souza (1983):

Alguns estereótipos que constituem a mitologia negra adquirem, a nível do discurso, uma significação aparentemente positiva. O "privilégio da sensibilidade" que se materializa na musicalidade e ritmicidade do negro, a singular resistência física e extraordinária potência e desempenho sexuais, são atributos que revelam um falso reconhecimento de uma suposta superioridade negra. Todos estes "dons" estão associados à "racionalidade" e "refinamento" do branco. Quando se fala na emocionalidade do negro é quase sempre para lhe contrapor a capacidade de raciocínio do branco. [...] A superpotência sexual é mais um dos estereótipos que atribuiu ao negro a supremacia do biológico e, como os de resistência física e "sensibilidade privilegiada", reafirma a representação de animalidade no negro, em oposição à sua condição histórica, à sua humanidade (SOUZA, 1983, p. 30-31).

Embrutecem e animalizam nossos corpos, hipersexualizam para usá-los como se fôssemos animais, diante dessa condição histórica de nos reduzir a uma emocionalidade, para nos subjugar, para negar aos negros o direito à humanidade. Para nos negar o desenvolvimento de identidades, solidariedades e afetividades negras, usa-se um conceito equivocado de emoção para nos destituir de nossa capacidade de raciocínio, nos inferiorizando frente aos brancos. A colonialidade/modernidade se pauta nessa hierarquização entre corpos e mentes dos povos humanos, colocando a raça branca no topo do domínio sobre o poder, o ser e o saber, controlando a ciência e a verdade através de sua universalização (CANDAU; OLIVEIRA, 2010). Subalternizando e inferiorizando assim todos os outros povos humanos. Eis o mito fundante da modernidade, mantenedora da colonialidade até os dias de hoje.

Para tecermos laços afetivos, com amorosidade, com compromisso, com rigor teórico, a partir das identidades raciais que nos entrelaçam, nós, professores e alunos, precisamos desenvolver uma relação capaz de fomentar um diálogo e uma conversa afetiva, atenciosa com todos: direito e necessidade imprescindível. É preciso desenvolver uma nova relação entre negros e não negros que permita o desenvolvimento pleno de todos: o desenvolvimento motor, cognitivo e psíquico do alunado negro, pois está marcado desde cedo por uma realidade brutal nas relações afetivas, como vimos anteriormente, como consequências de memórias do cativeiro, da dor.

Essas relações garantem que os alunos negros e nós mesmos, professores negros, tenhamos o direito a termos afetividade, de nos (re) constituir em nossa corporeidade e subjetividade, em nosso direito de demonstrar emoção, de amar. O amor e o afeto é defendido aqui como direito político, inclusive como forma de reparação histórica frente à herança escravocrata que nos feriu em nossos corações: um direito que também existe para as crianças, adolescentes e jovens negros.

> Faz-se necessário que as demonstrações de afeto sejam manifestadas para todas as crianças indistintivamente. Colocar no colo, afagar o rosto, os cabelos, atender ao choro, consolar nos momentos de angústia e medo faz parte dos cuidados a serem dispensados a todas as crianças. A educadora é mediadora entre a criança e o mundo, e é por meio das interações que ela constrói uma auto-imagem em relação à beleza, à construção do gênero e aos comportamentos sociais (MINISTÉRIO DA EDUCAÇÃO, 2006, p. 38-39).

O direito de não termos que demonstrar força em todos os momentos, como qualquer ser humano. O direito de sermos respeitados como dotados também de racionalidade, restituindo a nossa humanidade não plenamente reconhecida. Esse é um direito que precisa ser reivindicado também pelos professores não negros, que lutam por uma sociedade mais justa, sem racismos, com mais igualdade racial e social. Para aqueles que também pretendem construir um pensamento decolonial: novas epistemologias devem ser valorizadas para o reconhecimento da humanidade para todos, através da escuta sensível, estabelecer práxis desobedientes. Como vemos abaixo:

> Para localizarmos projetos que apresentem interseções com o pensamento decolonial, é preciso considerar as iniciativas pautadas na solidariedade e na cooperação, na subversão favorecida por práticas comunitárias e desobedientes. Por isso, qualquer proposta educacional terá que partir de uma escuta sensível (no sentido de rever as suas insuficiências em termos do que não conseguimos desnaturalizar nos currículos) algo que se confronta, que denuncia a violência também epistêmica e que gera proposições de estratégias que nos levem a descolonizar nossos corpos e práticas discursivas (MIRANDA; RIASCOS, 2016, p. 570).

Como professoras negras, nos é posto a necessidade de nos tornarmos plenamente negras, à medida que também potencializa a descoberta do aluno em sua negritude e ancestralidade africana de modo positivado. Com a construção das subjetividades, das identidades e das solidariedades raciais que serão capazes de, a cada dia, tecerem novos currículos e metodologias. Subjetividades e identidades raciais de nós, professores, e dos alunos negros. Em relações de cooperação e de solidariedade, na relação de afetividade, de amorosidade e de corporeidade entre aqueles que precisam se reconhecer como iguais: seres humanos. O que se desdobrará num pensamento decolonial capaz de valorizar epistemologias outras, epistemologias essas nascidas da valorização dos conhecimentos apagados, negados, silenciados, subalternizados pelo processo de inferiorização do outro, em relação à tida racionalidade branca. Uma Educação também antirracista capaz de fortalecer nossos pertencimentos negros para potencializar a denúncia e a desconstrução dos racismos à brasileira, que ainda nos inferiorizam e nos acorrentam, inclusive em relação às nossas redes de afeto e solidariedade.

> Saber-se negra é viver a experiência de ter sido massacrada em sua identidade, confundida em suas perspectivas, submetida a exigências, compelida a expectativas alienadas.

Mas é também, e sobretudo, a experiência de comprometer-se a resgatar sua história e recriar-se em suas potencialidades (SOUZA, 1983, p. 17-18).

A todos nós, professores, negros ou não, é passado o momento de, a partir da constatação de todas as marcas e feridas deixadas em nossos corações e em nossos corpos negros pelo sistema escravocrata, pela colonialidade do ser, poder e saber que persiste, a partir de conhecermos todos os mecanismos de naturezas múltiplas, que nos massacraram, que nos marginalizaram, que nos separaram e hierarquizaram, a partir do conhecimento de todos os processos de subjulgação, mas também de resistências, decolonizar a Educação, as práxis, as relações tecidas, as mentes e os corpos de todos aqueles envolvidos nos processos educativos múltiplos e diversos.

Como intelectuais transformadores, como personalidades de mudança, como intelectuais oriundos e forjados de dentro das classes desfavorecidas, marginalizadas, historicamente negadas, silenciadas, invisibilizadas, reinventar, organicamente, essa escola, essa educação pública brasileira. Tomando a como espaço fomentador da mudança, da transformação social, política, econômica e cultural, tão sonhada e esperada para a sociedade da qual fazemos parte. Esta é uma compreensão fundamental: não se fortalece plenamente uma maioria excluída, se esta escola pública ainda não reconhece e valoriza a força e a importância histórica, política, econômica, cultural e social dos mesmos.

Para nós, é posto o desafio e a necessidade política de reinventar a Educação, os currículos, os tempos e os espaços, as metodologias. Reinventar a nossa afetividade, termos o direito de sermos respeitados em nossa emotividade e racionalidade como reparação histórica também. Termos o direito também político de plenamente exercer e proteger nossas subjetividades, nossas histórias contadas, os fatos rememorados, repensar os sujeitos exaltados, as metodologias e as formas de aprender dentro das escolas, para a construção de uma pedagogia decolonial e antirracista (CANDAU; OLIVEIRA, 2010). Ou seja, a ampliação da epistemologia aceita como oficial, enquanto direito político: reconstrução dos conhecimentos ensinados, a ponto de todos se verem contemplados e valorizados neles. Devemos pensar e exercer a mudança: a valorização plena de nossas histórias, culturas e memórias para o estabelecimento da autoatualização de nossos corações, almas e a aceitação de nossos corpos e mentes. É preciso também nos tornarmos plenamente negros e/ou reconhecermos nossas ancestralidades negras, capazes de, verdadeiramente, nos reconhecer como iguais: seres humanos.

CAPÍTULO 2

É POSSÍVEL DESENVOLVER UMA EDUCAÇÃO ANTIRRACISTA OU DECOLONIAL A PARTIR DO ENSINO DE HISTÓRIA NA EDUCAÇÃO INFANTIL? CASOS DE TRÊS ESPAÇOS EDUCACIONAIS DISTINTOS

O intuito é analisar e refletir até que ponto o ensino de história está presente na Educação Infantil e se pode potencializar o desenvolvimento de uma Educação Antirracista, Etnoeducadora e Decolonial e para a Educação das relações étnico-raciais. Foram selecionados três espaços distintos de um município da região metropolitana do Rio de Janeiro, com projetos desenvolvidos de 2013 até o presente momento por três professoras negras diferentes, provenientes de gerações diferentes. O objetivo foi, também, analisar/pesquisar se aquela é uma questão relevante ou não para a realização dessas formas de Educações, juntamente com as professoras participantes da pesquisa. E refletir/perceber se a relação entre afeto, amor e pertencimentos negros é realmente importante.

Essa é uma pesquisa qualitativa, pois pretende refletir profundamente sobre as problematizações elencadas acima e não mensurar as descobertas, mas potencializar uma reflexão e análise das realidades educacionais, entrecruzando toda a discussão histórica tecida anteriormente. Para realizar esta pesquisa, foram realizadas observações participantes, naturais e artificiais, de acordo com Maria Marly Oliveira (2016), com entrevistas, aplicação de questionários e pesquisa de campo com registros. As práxis educativas, principalmente das outras professoras, nas outras unidades escolares, foram investigadas em campo, com essa observação artificial, me inserindo ao grupo para pesquisar, investigando e fotografando atividades, observando com registro em diário de campo e entrevistando. Em relação às minhas práxis educativas, foram realizadas observações participantes naturais, pois estava engajada diretamente na realização das atividades. Também foram acessadas fontes primárias: cadernos de planejamento, avaliações, atividades em folha desenvolvidas junto aos alunos, pelas professoras negras, registros fotográficos das práxis investigadas.

Conforme apresentado anteriormente, houve uma pesquisa bibliográfica. Haverá ainda a articulação teórica dos textos de Bell Hooks (2017), Claudia Miranda e Fanny Milena Quiñones Riascos (2016), Eliane Cavalleiro (2001; 2004), Rocío Vera Santos (2015), Petronilha Beatriz (2007) e outros, que motivaram os seguintes questionamentos em relação aos três trabalhos educativos diversos observados/pesquisados qualitativamente: os trabalhos realizados promoveram uma Educação das relações étnico-raciais e uma Educação Etnoeducadora, uma Educação Antirracista? Houve algum indício de reeducação nas relações entre brancos, negros, descendentes indígenas e outros ao desenvolvermos cada um dos projetos ou trabalhos educativos? Tais práticas educacionais potencializaram as reconstruções das identidades negras, por parte dos participantes? Auxiliaram na potencialização de uma Educação Decolonial? E as reflexões sobre as relações entre afeto e pertencimentos negros, percebendo as situações de racismos à brasileira.

2.1 Entrando na roda de Histórias: principais aportes teóricos elencados

Ao estudar Bell Hooks (2017), nos deparamos, a grosso modo, com a necessidade de potencializar as salas de aula (tanto da escola como das universidades) como espaço de libertação, de desenvolvimentos holísticos das pessoas envolvidas, sendo elas professores ou alunos, e também que promova um processo de autoatualização, bem-estar pessoal; além disso, permite estimular o desenvolvimento mental, corporal e espiritual nos envolvidos. Defende a sala de aula como espaço do exercício necessário de uma Educação Libertadora, em que sejamos capazes de refletir sobre a realidade – criando nossas próprias teorizações para compreensão das mesmas – para transformá-la. Então, estimula a desenvolver, juntamente com os alunos e outros professores, uma Educação capaz de nos libertar de nossa condição de oprimidos, através de práticas intelectuais insurgentes, potencializando a libertação coletiva da hierarquização coercitiva proferida pelo sistema patriarcal, sexista, racista e ordenado por classes.

Essa Educação evoca a necessidade de afinar a escuta, afinal, uma pedagogia engajada precisa valorizar a expressão do aluno, partindo também do compartilhamento da própria experiência de vida do professor, "eliminando-se a possibilidade de atuarem como inquisidores oniscientes e silenciosos" (HOOKS, 2017, p. 34). Para se constituir a Educação como prática da liberdade revolucionária que, de posse do conhecimento, com a paixão pela experiência, negros e negras serão potencializados a agirem e a pensarem sobre o mundo para transformá-lo, reconhecendo a diversidade em toda a sua magnitude. E ao se autotransformarem (algo que a autora evoca em todo o texto), isto é, a mudança holística dos envolvidos: mental, espiritual e fisicamente. A importância do desenvolvimento de uma práxis libertadora é defendida pela autora, recorrendo ao teórico Paulo Freire (1980), obra que dialoga em todo o seu livro. Assim como a revolução de valores através do reconhecimento, respeito e valorização real do multiculturalismo, esses pensamentos ajudarão a refletir sobre o projeto educativo desenvolvido, recorrendo-os no decorrer desse artigo.

Acompanhado da ideia que defende o compartilhamento das próprias existências de vida, defendida por Hooks (2017), Rocío Vera Santos (2015) inicia o seu estudo com menção ao sistema escravocrata, a constituição de um suposto estado-nação Equatoriano miscigenado (1830) e os processos de transmutação da forma de trabalho afroequatoriano para mal remunerados e massivamente manuais. Até a não distribuição de terras, com a Lei da Reforma Agrária, que culminou na migração para a cidade e para a capital do Equador e a formação de moradias precarizadas, sendo alvo de constantes preconceitos e exclusões. Recordamo-nos do que ocorreu/ ocorre no Brasil, mais precisamente no Rio de Janeiro, a partir da Abolição da Escravatura em 1888, com a criação dos espaços urbanos criminalizados, cortiços e, depois, favelas, onde se refugiavam os ex-escravizados e os sobreviventes esquecidos da Guerra do Paraguai. (CAMPOS, 2004, p. 70-71). Correlação essa importante, pois um projeto educativo do qual falaremos foi desenvolvido numa escola pública aos pés de uma favela.

A autora Santos (2015) também nos apresenta os processos de construção de identidades étnicas dos afro-equatorianos, de construção de novas etnicidades através da valorização dos conhecimentos dos mais velhos: do vínculo com o passado, as tradições e a memória, construções de outras narrativas hegemônicas, através da recuperação das memórias coletivas negras.

A autora Rocío Vera Santos (2015) explica, portanto, a importância da história, da linguagem e da cultura, na construção das subjetividades e das identidades, bem como (HALL, 2001; 2010 *apud* SANTOS, 2015, p. 225) a importância de os negros falarem de si mesmos. O que a autora referenda como uma estratégia de "políticas de representação", uma forma de produzir conhecimentos e se constituir como uma prática social e política, para compreender os processos conflituosos que envolvem os grupos. Políticas potencializadoras de desconstruir as certezas simbólicas em que se fundamentam o racismo naquela sociedade, recorrendo a outros autores. Portanto, uma Etnoeducação, aquela que propicie a constituição de ser negro ou negra por eles mesmos, isto é:

> No Equador, o processo de "aprender a ser negro/negra", como uma possibilidade de posicionamento diante da discriminação, da marginalização e do racismo, esteve marcado por sujeitos específicos, que se apoiaram na história e em elementos culturais, inclusive africanos, para reconstruir um "ser negro/negra" no espaço urbano. Nesse momento foram geradas transformações do termo "negro", como uma postura dos sujeitos, respaldadas pela recuperação da memória coletiva e a construção de um projeto de etnoeducação. Particularmente em Quito, os processos de organização de coletivo começam a articular dinâmicas locais, nacionais e transnacionais. Destacam-se três eventos particulares que incentivam a organização dos estudantes afro nas cidades: [...]; finalmente, o "Primeiro Congresso da Cultura Negra na América", realizado na Colômbia em 1977. Esse congresso foi organizado pelo Centro de Estudios Afrocolombianos, pela Fundación Colombiana de Investigadores Folklóricas, e pela Asociación de Jóvenes Negros Peruanos. Depois do evento, foi fundado, no ano de 1979, em Quito, o Centro de Estudios Afroecuatorianos (CEA), pela iniciativa de jovens migrantes de Valle del Chota e Esmeraldas, que haviam chegado à capital para realizar seus estudos universitários na Universidad Central del Ecuador. Esses estudantes tentavam encontrar caminhos para enfrentar a discriminação e o racismo. Além disso, dedicaram-se a documentar os conhecimentos e a sabedoria dos anciãos em seus povoados de origem[18] (SANTOS, 2015, p. 227, grifo nosso).

---

[18] A autora relata um depoimento muito semelhante ao que acabou acontecendo no "Coqueiro": "Nas discussões, a princípio informais, foram concebidas muitas maneiras de preencher os espaços vazios tanto nas escolas quanto na sociedade. Havia várias propostas, entre elas a de recolher os saberes da comunidade; não estávamos certos se eram saberes, filosofias ou valores, mas sabíamos que nas comunidades havia uma memória e essa memória era o que podia nos ajudar a fortalecer nossa identidade, mas também ensinar ao outro sobre nós" (FONDO, 2014, tradução SANTOS, p. 227).

A Petronilha Beatriz Gonçalves e Silva (2007) contribui ao discutir, no texto escolhido, sobre os complexos processos de ensino-aprendizagem em meio às relações étnico- raciais, para o desenvolvimento de formação cidadã. Levando em consideração as dificuldades quanto ao ensino de história e cultura afrobrasileira e africana, frente às barreiras, principalmente, ideológicas, limitações e desigualdades socioeconômicas e políticas, constituídas no decorrer da história do Brasil.

A autora analisa, assim como Santos (2015), a forte herança escravocrata como origem dessas desigualdades, apresentando como saída as políticas de reparação para a população negra. Resume, no início do seu texto, o percurso de construção das ações afirmativas, a lei 10.639/03, que legitima esse ensino ao alterar LDB/96. Enegrecendo compreensões sobre as Diretrizes Curriculares Nacionais para esse ensino, nos termos do Parecer CNE/CP 3/2004. O que também contribuirá para a análise de como se articulam, na escola, as relações entre brancos, negros (e descendentes de indígenas, apesar de não ser esse o foco dessa teorização) na busca por mais cidadania, mais justiça social, em detrimento do projeto educativo desenvolvido.

Os pensamentos desenvolvidos por Claudia Miranda e Fanny Milena Quiñones Riascos (2016) colaboram ao trazer em voga a necessidade de construirmos uma Educação insurgente, transgressora, capaz de modificar a geopolítica de construção de conhecimentos com a valorização de pensamentos outros antes subalternizados, inferiorizados a partir da consagração de um sistema mundo em que a brancura é norma indiscutível e perfeita. Logo, também faz análise dos processos colonizadores que estão presentes na hegemonia ocidental branca do poder, do saber e do ser dos outros, considerados subalternizados (WALSH, 2005).

Usando as categorias de pensamento de Aníbal Quijano (2003) sobre a decolonialidade, que desconstrói as vias de dominação de poder europeu: a hierarquização e inferiorização dos seres, conhecimentos e poderes outros em detrimento desse poder, propondo uma horizontalidade, a retomada da humanidade para todos. Analisando através dessa categoria e de pensamentos de Catherine Walsh (2013; 2014) sobre o desafio de se traçar conversas outras, valorizar narrativas outras, com opções fronteiriças que valorizam a interculturalidade: o encontro tenso, crítico, numa configuração mais igualitária, desconstruindo as supremacias impostas através do sistema-mundo europeu.

Assim, essas autoras valorizam e destacam práxis insurgentes advindas dos movimentos sociais e negros, como os Quilombos ou Palenques (comunidades que existem na Colômbia desde o século XVII); a Frente Negra Brasileira; o Documentário Orí (1989), de Beatriz Nascimento e as Diretrizes Curriculares Nacionais para o Ensino de História e Cultura Afrobrasileira e Africana, que dialoga com Petronilha Beatriz, propondo uma nova composição curricular e epistemológica contracolonial. Todas essas discussões para propor uma contracolonialidade do pensamento, do ser e do poder, construindo outros currículos escolares e metodologias que denunciam e consolidam epistemologias outras, logo, uma Educação decolonial. Iremos articular também esses pensamentos nos textos a seguir.

2.2 Por uma educação transgressora: antirracista e decolonial

Duas cabeças pensam mais que uma.
(Arte Adinkra)

O projeto "As Histórias que amamos do 'Coqueiro' e redondezas", desenvolvido entre os anos de 2013/2014 por mim e pela professora Vera, se estende em reflexos e reflexões até hoje. Surgiu a partir de uma discussão teórica maior na escola, acerca do necessário respeito à obrigatoriedade do ensino de história e cultura afrobrasileira e africana à lei 10.639/03, não esquecendo da expansão realizada pela lei 11.645/08, quanto ao ensino da história e cultura dos ameríndios, muito importante na cidade fluminense, onde estávamos. A discussão girava em torno da necessidade da retomada e valorização da história da população marginalizada e periférica que, até então, não fazia parte da história oficial do município estudado, nem era plenamente conhecida pela escola. "Coqueiro" será o nome fictício dado a essa periferia urbana.

Vale explicitar que as análises aqui tecidas são frutos da retomada de fontes primárias construídas através desta interação, que foram guardadas: o próprio caderno de histórias, o portfólio de fotografias e o caderno de planejamento. Assim como entrevistas com as famílias e com a professora Vera Lucia Rodrigues Gomes da Silva, que desenvolveu o projeto educativo comigo, com uso também de questionário, fazendo questão de se identificar nesta pesquisa qualitativa com observação natural (OLIVEIRA, 2016), pois faço parte do grupo pesquisado, como professora regente ou de referência.

O projeto educativo investigado aqui, "A História que amamos no Coqueiro e redondezas", fez parte dessa discussão que também refletiu sobre a forma como os alunos negros, brancos e descendentes de indígenas se tratavam (se discriminavam racialmente), inclusive a mim, a professora. Numa aposta na importância da temática para os alunos entre três e quatro anos e suas famílias, para as professoras envolvidas, majoritariamente negras, mas também havendo a parceria de professoras brancas, desenvolvi o ideário desse projeto, invertendo a lógica tradicional de uso didático da mala de história[19], metodologia muito semelhante ao objetivo dos Cuardernos Afroecuatorianos, apontado no trabalho a seguir da Vera Rocío Santos (2015):

> De fato, Juan García, em colaboração com alguns dos integrantes o CEA, realizou por mais de 30 anos um trabalho de recuperação da memória oral nas comunidades negras de Valle del Chota e Esmeraldas. Com a recuperação da memória, começaram a produzir os chamados Cuadernos Afroecuatorianos (PABÓN, 2011, p. 23). O objetivo do grupo era recuperar o conhecimento dos mais velhos como um elemento base para a construção e o posicionamento identitário (SANTOS, 2015, p. 227).

Essa metodologia da mala tinha como premissa original a divulgação da literatura, sempre potencializando o hábito de leitura nas crianças com o apoio das famílias, enviando histórias prontas, na grande maioria das vezes, de cunho eurocêntrico: histórias de contos de fadas, fábulas, poesias.

Minha ideia foi "inverter" essa mala, criar um espaço de diálogo entre as famílias, permitindo que as mesmas contassem suas próprias histórias que faziam parte da história local, potencializando a ressignificação do currículo escolar e a valorização de saberes e conhecimentos coletivos, principalmente as histórias guardadas pelos mais velhos, até então silenciadas, invisibilizadas e desconhecidas. As famílias levavam a mala para suas casas e registravam

---

[19] Era uma bolsa colorida e enfeitada com o nome do projeto, que levava um caderno, com todos os materiais possíveis: canetas coloridas, hidrocores, tintas guaches, pincéis, glitter, giz-de-cera e lápis de cor. Todas as famílias tiveram um cuidado redobrado com todo o material. Ao levarem as malas, as famílias eram fotografadas com as mesmas e, ao retornarem, a criança contava na roda as histórias rememoradas pelos mais velhos das famílias ou seus pais e responsáveis.

suas histórias em cada parte, destinada para cada família, com registro e desenho ou fotografia ilustrativa, feita juntamente com o/a aluno/a.

A grande maioria das famílias dos vinte e um alunos do grupo infantil era negra, de camadas bem populares, sendo dezoito alunos negros (dentre eles, uma aluna que tinha mãe indígena), mas também três alunos e famílias autodeclarados brancos. Os alunos e suas famílias estavam auxiliando a construir, juntamente conosco, uma Educação transgressora construídas por eles mesmos, partindo dos conhecimentos dos seus anciãos, da oralidade para retomarmos a História local etc. A proposta da mala está muito de acordo com a discussão potencializada por Rocío Vera Santos (2015), ao explicar sobre um exemplo de etnoeducação, analisando projetos desenvolvidos na Colômbia, os Cuardernos afroequatorianos.

Figura 2 – Mala de Histórias

Fonte: a autora

Vale retomar a explicação do que seria o termo Etnoeducação, construída a partir do desenvolvimento das valiosas contribuições para a difusão das tradições orais, expostas por Santos (2015), ao analisar os resultados provenientes destes Cadernos, como também das oficinas de "sensibilização" sobre o ensino de história da África e dos afro-equatorianos. Essas discussões culminaram na formação da Comissão de Etnoeducação em 2001, com composição diversa de professores: homens, mulheres, afro-equatorianos e líderes de movimentos sociais, como nos comprova o trecho a seguir:

> A etnoeducação é definida pela comissão como "um projeto político e epistemológico afro-equatoriano, que se constitui como uma ferramenta para acessar o próprio saber e como um instrumento para chegar à interculturalidade em igualdade de condições e conhecimentos (SANTOS, 2015, p. 228, *apud*. PABÓN, 2011, p. 28).

O projeto da mala de Histórias era muito semelhante aos Cadernos afro-equatorianos. Tinha como objetivo valorizar a história pessoal e local, contudo não dominávamos plenamente esses conceitos, ainda que estivéssemos enaltecendo também as memórias pessoais e locais. Santos (2015) permite perceber que ocorreu a valorização das memórias e saberes dos mais velhos das famílias dos alunos, potencializou definida e significativamente os fortalecimentos raciais dos envolvidos, logo, a (re) construção das identidades raciais. Na época, pensávamos, eu e a minha companheira de trabalho, apenas a partir de uma lente teórica trazida na discussão tecida por Alex Ratts e Adriana A. Damasceno (2005), aprendida através do curso de Africanidades, oferecido pela UnB e feito por mim em 2006, e que foi estudada por nós duas, assim como outras leituras que nos eram possíveis na época. Trazem-nos uma reflexão sobre dar voz aos silenciados e excluídos do processo educacional formal:

> Uma retomada de vozes que ficaram silenciadas por opressões históricas é fundamental e necessária para uma compreensão democrática da educação. O primeiro movimento para esta escuta é o reconhecimento da existência de espaços outros e não o da educação formal, como portadores de saberes. Para isso, é necessário tomar como imprescindível para o entendimento desses saberes os nexos entre educação e cultura, considerando que uma não existe sem a outra, ambas sendo alimentadas e alimentando-se na arte e na memória (RATTS; DAMASCENO, 2005, p. 178).

O interesse das famílias dos alunos foi estimulado no dia em que foi realizada a primeira reunião explicativa sobre o projeto. Os pais ficaram entusiasmados.

Portanto, para apresentarmos as atividades que seriam desenvolvidas dentro do Projeto "As histórias que amamos no 'Coqueiro' e redondezas"[20], realizamos uma primeira reunião para mostrarmos aos profissionais da Educação da unidade escolar quais eram nossos objetivos e encaminhamentos. Posteriormente, ocorreu uma segunda reunião para ensinarmos aos pais e responsáveis como seriam as etapas ou fases do projeto educativo, assim como os objetivos. Explicamos que a mala de história seria enviada às famílias a cada uma ou duas semanas, sempre na sexta-feira, retornando na segunda-feira posterior. Explicamos que toda vez que as famílias levassem a mala, seria registrada uma fotografia da criança, juntamente com a família, com a mala. Também esclarecemos que haveria um momento específico para que, em roda, a criança ajudasse a professora a contar sobre o registro enviado pela família para a escola, socializando as narrativas dos anciãos das famílias com os outros alunos. Todas essas etapas aconteceram. Ao final do projeto, os resultados alcançados foram apresentados às famílias, tudo que foi descoberto através da mala de histórias. As fotografias fazem parte de um portfólio da turma, que também foi apresentado nesse dia e na exposição de trabalhos da turma.

Outros trabalhos paralelos, de cunho transversal e transdisciplinar foram desenvolvidos a partir das histórias, articulando outras disciplinas, como a realização de rodas de brincadeiras tradicionais, a partir do que era brincado nas ruas, nos dias de não violência ou lembradas nas histórias/memórias narradas pelos anciãos, articulando outras áreas de conhecimento, como Literatura, Artes visuais e cênicas.

2.2.1 O antes e depois do Projeto

Antes da realização do projeto educativo, era observado um desinteresse por parte das famílias em participarem das atividades da escola. Inclusive em requerer ou questionar sobre os seus direitos e os direitos

---

[20] Vale mencionar que houve limitações no desenvolvimento do projeto: quanto ao envolvimento de duas famílias, que se ausentavam muito da escola, por motivos diversos não comprovados plenamente. Uma criança saiu da escola. Portanto, dezoito alunos/famílias participaram do projeto. E ainda a falta de vontade da primeira parceira professora, que boicotava visivelmente o desenvolvimento das atividades, não apoiando, participando e auxiliando na concentração/participação dos alunos e familiares, o que resultou em grave desentendimento entre nós, professoras, motivada por racismo individual, cultural e ambiental, principalmente ao proferir falas preconceituosas a respeito de alunos e professores negros. O racismo por parte de algumas professoras foi perceptível através de palavras que desprestigiavam os projetos, tanto da escola como os demais desenvolvidos de cunho antirracista. É importante também informar a falta de materiais digitais e tecnológicos e outros mais caros, que tiveram que ser custeados pela professora que teve a ideia do projeto. Assim como as demais atividades e metodologias desenvolvidas nos outros projetos da escola, cada professor, infelizmente, teve que custear seu próprio trabalho.

dos alunos em relação à educação recebida, e havia uma tensão na forma com que alunos se relacionavam, perceptíveis, não diretamente, nos responsáveis. Mas na maneira como os alunos nos tratavam e se tratavam, reproduzindo o que viam nos outros espaços-tempos de convivência: xingamentos racistas, afastamentos ou isolamentos físicos em relação aos considerados diferentes ou inferiores. Isso ocorria quando crianças mais claras não permitiam que os pretos tocassem nelas, inclusive a professora de pele mais escura: eu. O que nos leva a articular o que apresenta Petronilha Beatriz Gonçalves e Silva (2007) a respeito das Diretrizes Curriculares Nacionais para o Ensino de História e Cultura Afrobrasileira e Africana:

> Salienta, o referido texto legal, que o processo de educar as relações entre pessoas de diferentes grupos étnicos-raciais tem início com mudanças no modo de se dirigirem umas às outras, a fim de que desde logo se rompam com sentimentos de inferioridade e superioridade, se desconsiderem julgamentos fundamentados em preconceitos, deixam de se aceitar posições hierárquicas forjadas em desigualdades raciais e sociais.
>
> A Educação das relações étnico-raciais tem por alvo a formação de cidadãos, mulheres e homens empenhados em promover condições de igualdade no exercício de direitos sociais, políticos, econômicos, dos direitos de ser, viver, pensar, próprios aos diferentes pertencimentos étnico-raciais e sociais. Em outras palavras, persegue o objetivo precípuo de desencadear aprendizagens e ensinos em que se efetive participação no espaço público. Isto é, em que se formem homens e mulheres comprometidos com e na discussão de questões de interesse geral, sendo capazes de reconhecer e valorizar visões de mundo, experiências históricas, contribuições dos diferentes povos que têm formado a nação, bem como de negociar prioridades, coordenando diferentes interesses, propósitos, desejos, além de propor políticas que contemplem efetivamente a todos (SILVA, 2007, p. 490).

No decorrer do projeto, as famílias faziam questão de levar a mala para casa. É possível analisar a reação das famílias nas fotografias apresentadas a seguir, levando a mala de história para suas casas e, na forma como registraram as histórias orais, as memórias dos mais velhos sobre a história local, os antigos fundadores da localidade. Analisaremos nas narrativas sobre a forma como era organizado o território no passado, como era o terreno da escola. Vejamos, a seguir, como procuram narrar as memórias de suas matriarcas (maioria mulheres) e seus patriarcas.

Outro dado importante é que nenhum material se perdeu, ao contrário do que algumas professoras chegaram a mencionar, quando apresentei a proposta ao grupo, na reunião de planejamento. Numa expressão de preconceitos raciais e sociais, algumas professoras proferiram falas de incredibilidade, de ironia e até risos quanto a capacidade de ler e escrever das famílias provenientes das camadas populares da localidade. Essa expressão por parte das professoras não foi rechaçada, nem foi desencadeada nenhuma reflexão ou autocrítica em nenhum momento da reunião pedagógica, nem posteriormente por parte da Equipe Diretiva que estava presente na reunião. O fato demostra o quanto o racismo científico, cultural (negros não sabem ler, não possuem inteligência para a escrita mais elaborada) e institucional está impregnado nas relações educativas, em que expressões impregnadas de racismos não são desconstruídas, mas sim naturalizadas e silenciadas no interior das instituições educacionais.

No entanto, podemos observar como as famílias procuraram valorizar, com muito cuidado e capricho, as memórias dos mais velhos. Podemos verificar também a expressão da família ao levar a mala para casa. Vejam, nos exemplos abaixo, que as falas preconceituosas raciais e sociais, alegando a incapacidade das famílias em terem cuidado com os materiais e quanto às suas capacidades intelectuais são totalmente refutadas nas fotografias expostas em seguida:

Figura 3 – Árvore genealógica

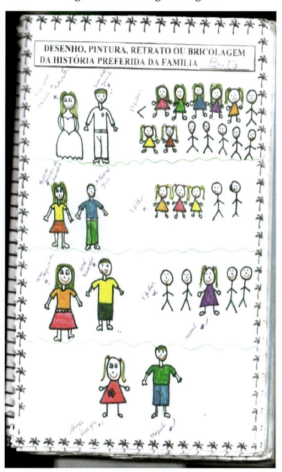

Fonte: a autora

JOSIANE PEÇANHA

Figura 4 – Articulação com as famílias

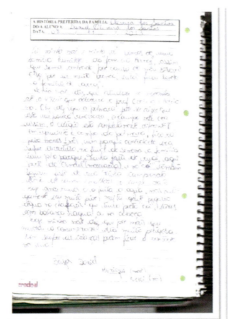
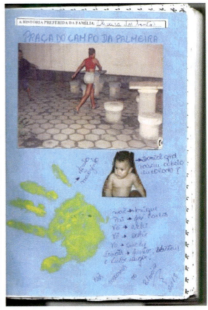

Fonte: a autora

Vale resumir o teor de algumas das memórias divididas conosco pelas famílias, como esforço da retomada das memórias de seus anciãos, em sua maioria. Há histórias que contam os nascimentos dos filhos, nossos alunos, que são geralmente histórias de pessoas que vieram morar no "Coqueiro", vindas de outros estados e regiões do Brasil (da Paraíba e de São Paulo) e de lugares do próprio estado do Rio de Janeiro (interior). Foram as histórias dos moradores que vieram para a cidade tentar galgar uma melhora socioeconômica para suas famílias: emprego, moradia, tranquilidade.

A grande maioria das histórias são de moradores do bairro com gerações e gerações de famílias estabelecidas. Das memórias coletadas e organizadas pelas famílias, destacam-se as de cinco famílias, pois suas histórias remontam partes importantes da história local, mas estavam esquecidas/silenciadas, pois ninguém da escola conhecia, tampouco trabalhava no currículo: A família Ferreira, a família Gonzales, a família Oliveira, a família Pereira e a família Souza.

Parte das narrativas retratam as rotinas das famílias no antigo bairro, assim como as histórias de amor envolvendo o encontro e o casamento dos pais dos alunos. Também percebemos histórias que mostram como foi a formação das primeiras favelas, assim que foi abolida a Escravidão, sendo o tetravô de uma de nossas alunas brancas: o ex-senhor da fazenda dos "Coqueiros", que dividiu o terreno e vendeu por um preço ameno para os muitos ex-escravizados. O parente posterior vendia cocadas e a família ficou apelidada por esse nome.

Essas narrativas se assemelham ao que nos conta Santos (2015) no Equador: que não houve uma reforma agrária capaz de ressarcir os pesados e duros anos de escravização para os recém-libertos. Essa família da Cocada formou uma numerosa linhagem, sendo tradicional no "Coqueiro" e muito conhecida.

Outra família considerada tradicional nos conta a sua formação, que surgiu da união de duas famílias com composições étnico-raciais diferentes: uma indígena e uma negra, vinda gerações atrás, do Estado de Minas Gerais. Essa família era uma parte importante do Grêmio Recreativo Escola de Samba do Coqueiro, o pai da aluna era o compositor e o intérprete do samba, o mais famoso da localidade. Esse fato potencializou a construção do projeto seguinte, sobre a participação importante dos negros na música popular brasileira, passando-se a cantar nas festas da escola, com parte da agremiação, que é um desdobramento do "Cacique do Coqueiro", conforme me contaram os mais antigos das famílias das crianças, em entrevistas informais.

Já uma outra família quis enfocar em sua narrativa também na existência desse antigo bloco chamado "Cacique do Coqueiro", cujo nome foi escolhido devido ao patrono da cidade, que é Araribóia, articulado ao nome da localidade do Coqueiro. Foram realizadas duas filmagens nesse projeto: do pai sambista dessa agremiação, falando sobre a sua história e a história da agremiação de samba e a matriarca da família tradicional branca, que contou suas lembranças do bairro, debaixo da árvore que ficava localizada no pátio da escola, como na tradição africana.

Tem ainda a história que mostra a formação de outra tradicional família de um bisavô de uma aluna nossa que, por ter a pele muito branca, chamavam-no de "Arroz". A família narrou que havia um chafariz onde as pessoas pegavam água; que, um mês ao ano, havia um parque de diversões que era montado no campo de futebol ainda existente e que, neste mesmo campo, havia campeonatos de futebol feminino e masculino. Essa família colocou uma fotografia que mostra como era a praça antigamente, localizada em frente ao campo de futebol.

Nos anos que desenvolvemos esse projeto, o bairro experimentava o acirramento exorbitante da violência, com situações de invasões da polícia e de bandidos na escola, de termos que nos jogar no chão com os alunos, como produto de conflitos entre facções rivais e a Policia Militar. Isto é um dos reflexos da falta de investimento de políticas públicas no 'Coqueiro'. No entanto, o entusiasmo de rememorar e mostrar quem eram e como faziam parte do "Coqueiro" foi tão visível que, de vinte narrativas possibilitadas, apenas três mencionam de forma breve que, antes, "o bairro era mais tranquilo e hoje as crianças não têm liberdade para brincar na rua".

Portanto, dezoito alunos e famílias participaram ativamente do projeto educativo. Os pais e responsáveis passaram a estabelecer mais vínculos afetivos entre eles e as professoras da turma, mais cuidado com seus filhos; passaram a frequentar espaços em comum, fazendo mais visitas em suas casas; faziam mais festas nas escolas e ficaram mais participativos e críticos com relação à observância de direitos, se eram ou não respeitados e o exercício de deveres enquanto cidadãos, na escola e no "Coqueiro". Essa mudança foi percebida na maioria das famílias envolvidas no projeto educativo. Passaram a cuidar mais de seus filhos, demonstraram mais apreço e solidariedade (inclusive racial) entre eles e com as professoras. O que se refletiu numa diminuição drástica dos preconceitos e discriminações raciais, até então percebidos cotidianamente entre os pares, incluindo as professoras, no interior da escola. Portanto, houve um melhor estabelecimento de convívio e respeito, entre todos os alunos, em suas múltiplas identidades raciais e étnicas. O que está de acordo com o que também ensina Silva (2007):

> É sabido que aprender-ensinar-aprender, processo em que mulheres e homens ao longo de suas vidas fazem e refazem seus jeitos de ser, viver, pensar, os envolve em trocas de significados com as outras pessoas de diferentes faixas etárias, sexo, grupos sociais e étnico-raciais, experiências de viver. Tratar, pois, de ensinos e de aprendizagens, é tratar de identidades, de conhecimentos que se situam em contextos de culturas, de choques e trocas entre jeitos de ser e viver, de relações de poder.

> Nós, brasileiros oriundos de diferentes grupos étnico-racias – indígenas, africanos, europeus, asiáticos -, aprendemos a nos situar na sociedade, bem como o ensinamos a outros e outras menos experientes, por meio de práticas sociais em que relações étnico-raciais, sociais, pedagógicas nos acolhem, rejeitam ou querem modificar. Deste modo, construímos nossas identidades - nacional, étnico-racial, pessoal -, apreendemos e transmitimos visões de mundo que se expressa nos valores, posturas, atitudes que assumimos, nos princípios que defendemos e ações que empreendemos (SILVA, 2007, p. 491).

A ênfase por parte de todos os negros, indígenas e também brancos de exaltarem a sua origem étnico-racial, o orgulho e a felicidade de pertencer à favela do 'Coqueiro', ficou visível nas histórias resumidas anteriormente. Também constataram fortalecimento visível das identidades raciais, logo, foi uma experiência Etnoeducadora, porque (re)construiu positivamente a identidade coletiva da localidade, conforme Pollack (1989; 1992) nos mostra nos textos discutidos: a relação entre memória e identidade foi visível nesta práxis transgressora e libertadora, como nos ensina Hooks (2017).

Figura 5 – Professoras e alunos em roda

Fonte: a autora

As memórias colhidas pelas próprias famílias, registrando as histórias e as memórias dos anciãos, dão visibilidade às memórias que não eram valorizadas, eram silenciadas ou esquecidas nos enquadramentos de memórias do bairro e da cidade. A escola e esse trabalho em questão tiveram papel fundamental para além de reconstruir o currículo à luz das ações afirmativas, desenvolveu uma Educação Antirracista, combatente ao racismo na Educação ao propor um novo enquadramento de memória, reinventando e adaptando o ensino de História para a Educação Infantil. Assim como potencializando, visivelmente, nas famílias e professores envolvidos no processo, um sentimento de identidade, ao mesmo tempo individual e coletiva. Denunciando e desconstruindo o racismo que é reproduzido na escola, se desdobrando na reconstrução da imagem individual e coletiva daquela localidade: ser 'Coqueiro'! Assim sendo, foram negociadas, creditadas e admitidas pela escola (como instância representativa do próprio Estado) outras histórias, memórias e identidades, o que está muito de acordo com o que explica Ana Maria Monteiro (2010) na discussão sobre história a contrapelo e de Pollack (1992), sobre as memórias:

> Podemos dizer que a memória é um elemento constituinte do sentimento de identidade, tanto individual como coletiva, na medida em que ela é também um fator extremamente importante do sentimento de continuidade e de coerência de uma pessoa ou de um grupo em sua reconstrução de si. Se assimilamos aqui a identidade social à imagem de si, para si e para os outros, há um elemento dessas definições que necessariamente escapa ao indivíduo e, por extensão, ao grupo, e este elemento, obviamente, é o Outro. Ninguém pode construir uma auto-imagem isenta de mudança, de

negociação, de transformação em função aos outros. A construção da identidade é um fenômeno que se produz em referência aos outros, em referência aos critérios de aceitabilidade, de admissibilidade, de credibilidade, e que se faz por meio da negociação direta com os outros. Vale dizer que a memória e identidade podem perfeitamente ser negociadas, e não são fenômenos que devam ser compreendidos como essenciais de uma pessoa ou um grupo (POLLACK, 1992, p. 204).

Também foram rememoradas as lembranças de posturas e falas da professora que desenvolveu o projeto comigo, Vera Lúcia Rodrigues, e das famílias, no decorrer do desenvolvimento do mesmo. Logo, a principal metodologia foi a retomada das histórias orais e das memórias registradas. As falas da parceira de trabalho eram:

"Nunca pensei que seria uma boa professora, antes de desenvolver esse projeto. Você e esse projeto me deram uma força até para tentar uma faculdade e passar no concurso para a rede municipal. (Ela era contratada) Agora eu acredito mais em mim e vou conseguir! Agora sei que sou capaz!" (Fala da professora que desenvolvia o projeto juntamente comigo: Vera Lúcia de Almeida. Ela confirmou essa lembrança, conversando comigo recentemente para essa pesquisa).

O que torna possível articular as colocações de Hooks (2017), sobre a Educação como prática da liberdade:

Quando a educação é a prática da liberdade, os alunos não são os únicos chamados a partilhar, a confessar. A pedagogia engajada não busca simplesmente fortalecer e capacitar os alunos. Toda sala de aula em que for aplicado um modelo holístico de aprendizado será também um local de crescimento para o professor, que será fortalecido e capacitado por esse processo. Esse fortalecimento não ocorrerá se nos recusarmos a nos abrir ao mesmo tempo em que encorajamos os alunos a correr riscos (HOOKS, 2017, p. 35).

O que posso somar a esse sentimento de fortalecimento da companheira era o orgulho que tínhamos em relação à visível transformação do currículo da escola, tecido agora junto com os alunos, e ao vermos, também, o orgulho das famílias e dos alunos ao nos contarem/dividirem suas narrativas de suas próprias existências, nas rodas de história. Também contávamos sobre os lugares onde morávamos e nascemos para criar uma identificação por parte dos alunos. Acreditamos que o fato de sermos professoras negras foi uma questão fundamental para o desenvolvimento do trabalho, pois sabíamos o que significava aquele trabalho para uma criança negra e como era importante sermos nós, negras, como eles eram.

Percebíamos que era algo revolucionário, transformador, quando observamos, principalmente, esse engajamento, encantamento e transformação das famílias em relação aos próprios alunos, que passaram a demonstrar mais afeto e amor para com seus filhos e/ou parentes. A importância quanto à nossa ação enquanto professoras negras permite articular com essa perspectiva, exposta por Hooks (2017):

> Os professores progressistas que trabalham para transformar o currículo de tal modo que ele não reforce os sistemas de dominação nem reflita mais nenhuma parcialidade são, em geral, os indivíduos mais dispostos a correr os riscos acarretados pela pedagogia engajada e a fazer de sua prática de ensino um foco de resistência.[...] Os professores que abraçam o desafio da autoatualização serão mais capazes de criar práticas pedagógicas que envolvam os alunos, proporcionando-lhes maneiras de saber que aumentem sua capacidade de viver profunda e plenamente (HOOKS, 2017, p. 36).

O projeto etnoeducador privilegiou dar destaque, creditar valor, admitir, aceitar, ouvir as narrativas dos marginalizados, dos silenciados, das minorias majoritárias do local e da cidade através da história oral, isto é:

> Ao privilegiar a análise dos excluídos, dos marginalizados e das minorias, a história oral ressaltou a importância de memórias subterrâneas que, como parte integrante das culturas minoritárias e dominadas, se opõem à memória oficial, no caso a memória nacional (POLLACK, 1989, p. 4).

O projeto reinventou a história local, que se reduzia a rememorar a história oficial do bairro, as histórias que margeiam a principal via pública, silenciando e excluindo a história da favela do 'Coqueiro'. Modificaram-se muitas situações escolares com a transgressão proporcionada/admitida, impulsionada pela Escola/projeto, com a construção da nova mala de histórias e de uma cartilha com a história oficial da localidade, resultando num novo currículo oficial, nascido das brechas (MIGNOLO, 2003).

A cartilha foi conseguida graças ao esforço coletivo, também de outras turmas que realizaram de diversas maneiras coletas das histórias orais. Deu-se um positivo efeito dominó de entusiasmo, a partir da (re)configuração da metodologia da mala de história realizada: essa práxis foi pioneira na escola. Auxiliei em adaptações da mala em outras turmas com outras professoras que, entusiasmadas, desenvolveram também seus projetos, logo, repensaram seus pensamentos racistas iniciais. Das seis turmas da educação infantil da escola, apenas uma não quis desenvolver um projeto com foco nas ações afirmativas, devido ao racismo, ou seja, ao menosprezo total e incredibilidade quanto ao potencial dos alunos e suas famílias, majoritariamente negros. Posteriormente, a análise mais aprofundada desse trabalho será realizada.

2.3 Quando a lei 10.639/03 vira currículo na educação infantil

Dois bons amigos.
(Arte Adinkra)

A análise desse segundo caso também será tecida a partir das perguntas feitas no capítulo inicial dessa parte 2, se ancorando nos teóricos resumidos anteriormente. Será desenvolvida uma pesquisa de observação participante artificial, isto é, entro no grupo para pesquisar com participação em alguns momentos educativos.

Serão analisadas aqui as práxis educativas desenvolvidas numa unidade de educação infantil, localizada numa zona central da cidade fluminense, selecionada para as pesquisas. Portanto, o público alvo dessa escola é misto em sua composição socioeconômica: são de camadas populares, dos morros e favelas dos arredores, das camadas médias urbanas empobrecidas e também os provenientes de camada alta, que escolheram a unidade por apreço a tradição da escola.

Nessa realidade, também há duas professoras regentes, como na anterior. Duas professoras negras de faixas etárias distintas: uma na geração de trinta anos, a qual chamaremos de Leona, que é professora há cinco anos, e a outra na faixa de cinquenta anos, aproximadamente, que apelidaremos de Izadora, que exerce o magistério há dezesseis anos. Ambas estão nessa unidade escolar há seis anos.

A unidade escolar atende a seis grupos infantis, entre três e seis anos de idade. O grupo pesquisado possui alunos com idades entre cinco e seis anos, acompanhados pelas professoras Izadora e Leona, sendo dezenove alunos. Dentre eles, oito alunos negros e um oriental. Os demais são autodeclarados brancos pelos familiares.

A turma em específico foi escolhida, pois são essas professoras que trabalham as ações afirmativas previstas nas leis 10.639/03 e 11.645/08. As outras professoras, dos outros grupos infantis, ainda não realizam ações educativas sobre a obrigatoriedade do ensino de História e Cultura Afro-brasileira, Africana e Indígena. As demais turmas, apesar dos esforços da pedagoga em realizar formações sobre o assunto, incluindo a discussão no Projeto Político Pedagógico da Escola, ainda não desenvolvem a temática.

Quando perguntei a ambas sobre qual seria o motivo para as demais não trabalharem as ações afirmativas, segundo suas observações, as respostas foram:

> *Falta formação, informação e interesse com as questões dos alunos negros. Não são trabalhados. Faltam também materiais* (Fala da Professora Leona).
>
> *A Direção tentou comprar mais materiais. mas não deu tempo. Acredito que as outras não se envolvem plenamente, porque não dizem respeito sobre elas, não são afetadas pelo assunto, não é a realidade delas* (Fala da professora Izadora).

A autora Petronilha Beatriz Gonçalves e Silva (2007) nos traz uma importante contribuição para compreendermos essa questão, que perpassa pela natureza das relações étnicas ainda existentes e reproduzidas em nosso país.

> As dificuldades para implantação dessas políticas curriculares assim como a estabelecida no art. 26º da Lei 9.394/1996, por força da lei 10.639/2003, se devem muito mais a história das relações étnico-raciais neste país e aos processos educativos

que elas desencadeiam, consolidando preconceitos e estereótipos, do que a procedimentos pedagógicos, ou a tão reclamada falta de textos e materiais didáticos (SILVA, 2007, p. 500).

A professora Izadora sempre trabalhou a questão racial nas escolas por onde trabalhou. Mas, nessa unidade escolar, percebeu a necessidade a partir de observações e análises a respeito do trabalho educativo proposto pela equipe pedagógica da época em que entrou, há seis anos, que era trabalhar os clássicos infantis da literatura. Ela questionou "de que clássico estariam falando e para quem", para fazer o grupo refletir sobre a necessidade de se repensar o currículo escolar a partir da perspectiva de inclusão de outros conhecimentos silenciados ou negados no interior das escolas. Percebe-se que havia um racismo cultural e institucional. O que está de acordo com o que diz Petronilha Beatriz da Silva (2007), quando explica o que entendem por clássicos, no sentido de norma:

> Somos oriundos de uma formação que atribui, aos brancos, aos europeus, a cultura que dizem clássica, pois permanece no tempo, desconhecendo-se culturas dos povos não europeus que também têm permanecido no tempo. Ignoramos, por exemplo, que os egípcios, povo também negro, ou melhor, os conhecimentos que eles produziram, estão no nascedouro da filosofia e das ciências o que se costuma atribuir aos gregos e a outros europeus. Somos levados a confundir cultura com ilustração, civilização com hemisfério norte, ao lado de outros tantos equívocos (SILVA, 2007, p. 500).

A professora também recordou um fato ocorrido no ano passado, que denota a reprodução de racismo individual por parte das famílias. Uma família inter-racial, na festa da escola, se dirigiu às professoras do ano letivo anterior, brancas, para tirarem fotografias com sua filha. E não pediu para as duas professoras negras que davam aula para a sua criança tirarem fotografias também. Percebeu atitudes discriminatórias sutis que ocorrem no ambiente escolar. Denotando que elas estão atentas a essas questões no interior da escola, mas ainda não ocorre em relação aos demais profissionais, necessidade que nos aponta Eliane Cavalleiro (2001):

> Assim, mais do que nos prendermos às nossas ideias e suposições, que muitas vezes impedem a compreensão do problema, precisamos atentar para as nossas atitudes e nossos comportamentos, bem como de toda equipe escolar (CAVALLEIRO, p. 150- 151, 2001).

Ambos os fatos reforçaram, portanto, a necessidade de se trabalhar as ações afirmativas 10.639/03 e 11.645/08 junto ao grupo infantil. A fim de repensar o currículo escolar: para se combater os racismos reproduzidos e existentes no interior dos processos educativos e desenvolver a (re)educação das relações étnico-raciais. Combater também as hierarquizações dos conhecimentos salvaguardados e ensinados pela escola, o que ressignifica as relações de poder e os lugares/falares dos sujeitos que passam a ser mais respeitados em suas pluralidades e diversidades.

As professoras optaram por começar o trabalho no início do ano letivo e continuam motivando essa participação através do levantamento das memórias das famílias, pela busca de suas origens étnico-raciais e das ancestralidades de cada um. Chamou-se a atividade de "História ancestral". Enviando as seguintes pesquisas, representadas abaixo:

Figura 6 – Exemplos de "histórias ancestrais"

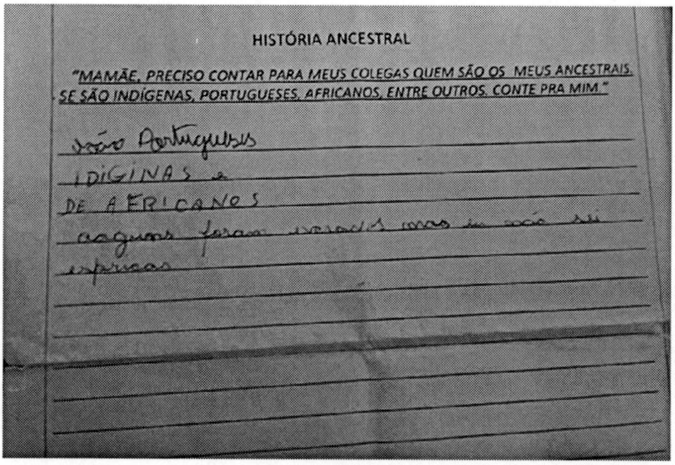

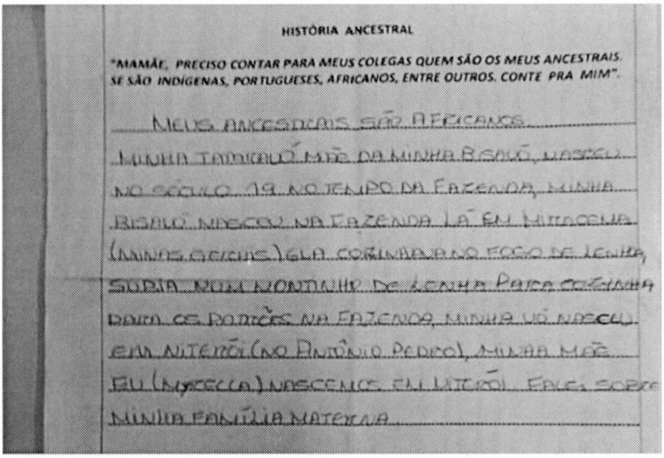

Fonte: a autora

Figura 7 – "Histórias ancestrais"

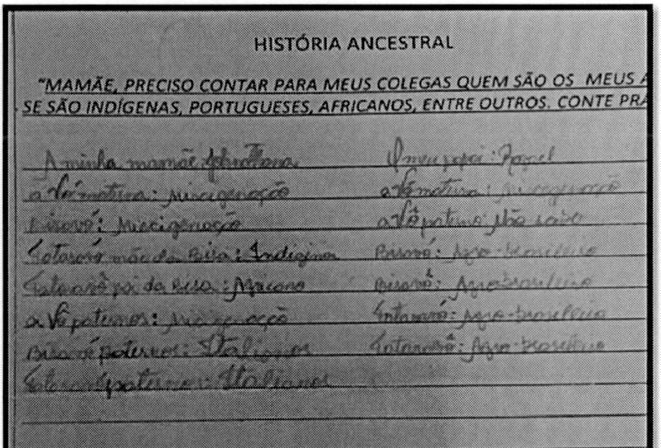

HISTÓRIA ANCESTRAL

"MAMÃE, PRECISO CONTAR PARA MEUS COLEGAS QUEM SÃO OS MEUS ANCESTRAIS. SE SÃO INDÍGENAS, PORTUGUESES, AFRICANOS, ENTRE OUTROS. CONTE PRA MIM."

Na família do Gabriel, vó e avó paterna, que têm descendência indígena, sendo os demais avós, como seus avós maternos desporadísti (avó Paraibana e avô Pernambucano)

Eu avô paterno também é paraibano

Fonte: a autora

Figura 8 – Histórias "ancestrais"

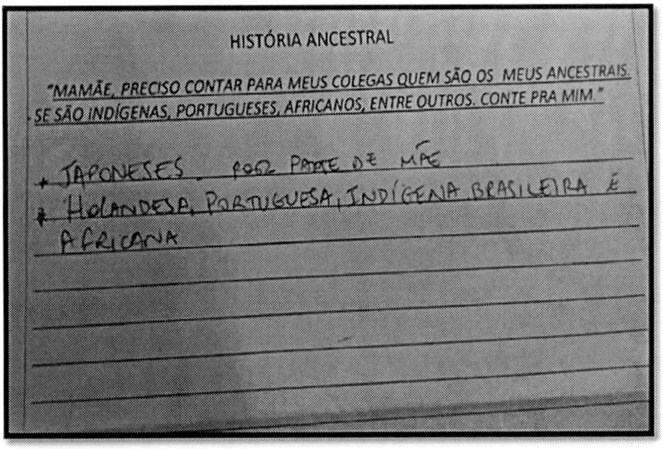

Fonte: a autora

Foram selecionadas essas amostragens, juntamente com as professoras, pois essas narrativas das famílias são excelentes amostragens de como é tratada a nossa ancestralidade negra e indígena em nossa cidade, numa expressão de racismo cultural.

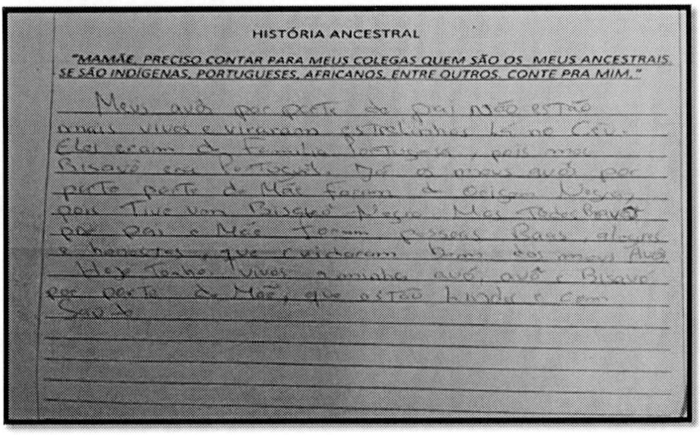

As famílias mostraram, através dessas memórias escritas, como possuímos dificuldades em precisar de onde vimos, quem são nossos ancestrais, qual é a nossa história. Nós, no sentido político de sermos parte da grande parcela populacional brasileira, de 55,4% negra, mais cerca de 0,9% indígena, segundo o último censo do IBGE de 2017. Somos justamente nós que temos o apagamento de nossa memória e história. Nós, que seguimos à margem da sociedade, retomando o que dialogamos na parte 1: a grande massa dos silenciados, mas que seguem resistindo, como nas lutas históricas representadas anteriormente, e nessas microrresistências educativas, como as que estamos mostrando neste trabalho sobre o interior das salas de aula.

É preciso fazer menção da execução do Despacho de 14 de dezembro de 1890, assinado pelo então Ministro da Fazenda do governo do Deodoro da Fonseca, Rui Barbosa – executado em maio de 1891, pelo seu sucessor Tristão de Alencar Araripe –, que ordenou a queima de todos os documentos que registravam a chegada de nossos ancestrais escravizados da África. (LACOMBE, 1988). Há uma correlação inegável nesse fato histórico com o que percebemos hoje, sobre o apagamento de nossas memórias.

A atividade mostra um esforço por parte das famílias em conhecer as suas origens étnico-raciais e históricas, mas denota que possuem muitas dúvidas sobre quem eram seus avós, bisavós e tetravós. Também levaram dúvidas sobre o que eles são, sobre seus próprios pertencimentos, sobre as suas identidades raciais, também como reflexo da política de embranquecimento junto à população negra, como consequência do racismo científico nascido do século XVIII e o consequente etnocido, conforme nos explicou Munanga (2008), citado na parte 1 desse trabalho.

Tudo isso também nos faz relacionar a discussão sobre a relação entre memória e identidade, desenvolvida aqui através de Ana Luiza Flauzina (2008) e Michel Pollack (1989; 1992). Além disso, reafirmamos o quanto o ensino da memória é importante para a construção das identidades coletivas, identidades individuais e também na constituição das identidades raciais, no fortalecimento identitário dos segmentos sociais, principalmente os marginalizados.

Diante disso, constatamos, através do ensino de história, a necessidade de construir novas práticas metodológicas e discursivas de um currículo narrativo vindo das próprias famílias, como aconteceu no exemplo anterior. As professoras perceberam a necessidade de desenvolver uma série de atividades, com momentos educativos distintos e complementares, que levassem os alunos a construírem uma autoimagem e conceito sobre eles mesmos de modo mais aprofundado e positivado.

As professoras realizaram atividades que envolviam Artes Visuais, como pintura e desenho de autorretratos. Contaram uma série de livros infantis que remontam e valorizam a história e cultura afrobrasileira e africana. Como nos ilustrados a seguir:

Figura 9 – Literaturas

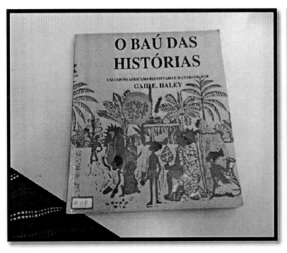 

Fonte: a autora

As professoras retrataram nas suas autoavaliações de como estava sendo o envolvimento das famílias e dos alunos. Disseram que tanto a maioria das famílias como as crianças de todas as composições étnico-raciais estavam paulatinamente desconstruindo os preconceitos e discriminações raciais percebidos, principalmente aqueles reproduzidos pelas famílias. E relataram que trabalharam a Copa do Mundo como oportunidade de mostrar as lendas e culturas dos países que as crianças indicaram e se interessaram a partir de suas origens. Como Japão, França e África:

> Trabalhamos sobre COPA, sobre lendas e outros elementos culturais e históricos de vários países da África e também, o Japão. Também trabalhei a França e a Rússia, por conta do estrogonofe, que eles gostam muito. O trabalho está sendo desenvolvido ao longo do ano. O resultado até aqui é que a turma já é desconstruída em relação aos preconceitos e aprenderam que não podem desrespeitar os outros, que somos diferentes, mas temos que ser todos respeitados, pois somos todos seres humanos. Está sendo muito legal. Perguntei: E as famílias? Resposta: "A maioria respondeu nas pesquisas. De dezoito famílias envolvidas, onze retornaram[21]. O envolvimento foi bom. Não percebi nenhum preconceito como no ano passado (Falas da professora Izadora).

---

[21] As professoras ainda estavam completando o trabalho. Essa entrevista foi realizada em início de outubro.

As atividades desenvolvidas pela dupla de professoras negras mostram que houve uma adesão comprometida em garantir o ensino obrigatório da História e Cultura afrobrasileira, africana e indígena, o que culminou numa reeducação das relações étnico-raciais, no combate ao racismo e no paulatino fortalecimento de todas as identidades raciais envolvidas no trabalho desenvolvido. Houve o reconhecimento e valorização da importância sócio-histórica e cultural de todas as etnias envolvidas no processo de ensino-aprendizagem antirracista.

Quando indagadas se achavam relevante a questão de serem professoras negras, a resposta de ambas foi que sim, pois:

> *Com certeza, é representatividade: não dá pra ficar ouvindo essas coisas na escola e na instituição e não se envolver, não se afetar com o que se ouve e se vê* (professora Izadora);

> *Eles se identificam com a professora já de primeira* (professora Leona).

Esses depoimentos nos fazem lembrar do que nos ensinam Claudia Miranda e Riascos (2016) sobre a construção de uma educação pelos próprios subalternizados, sobre a necessidade dos negros falarem sobre si e a importância das políticas de representação na construção da subjetividades e identidades, conforme nos ensinam Rocío Vera Santos (2015). Também sabemos o quanto é significativa a construção de práxis antirracistas pelos próprios afetados pelos racismos à brasileira, visto que estão presentes e são reproduzidos no interior das escolas, mas há também a produção de transgressões pedagógica e histórica, como as que estamos retratando nessa pesquisa.

Em seguida, analisaremos uma terceira realidade, para, posteriormente, fecharmos as análises dos três casos relatados.

2.4 Ubuntu, "eu sou porque nós somos": antirracismo numa Creche universitária

União nas relações.

(Arte Adinkra)

A unidade de Educação Infantil universitária é um ambiente conhecido por mim, enquanto bolsista de extensão de um projeto sobre as brincadeiras. Meu objeto de pesquisa num trabalho realizado nesse local para alcançar o título de graduação em pedagogia, no ano de dois mil e três.

Retorno ao ambiente universitário de Educação Infantil como uma pesquisadora, numa abordagem qualitativa, mas numa observação artificial, com registros em diário de campo e entrevista com a professora. Percebi que houve mudanças na gestão escolar, mudaram os diretores (os professores universitários responsáveis pelo espaço escolar) e mudanças na coordenação pedagógica ao longo dos anos e encerramento/inserção de novos projetos de pesquisa, desenvolvidas por outros bolsistas de extensão e iniciação científica de modo transdisciplinar, isto é, com a participação das mais variadas áreas de conhecimento, faculdades diversas. Houveram mudanças, ainda, na compreensão/desenvolvimento teórico-metodológico no que tange a compreensão sobre infância e sobre o processo de ensino-aprendizagem, mas continuaram numa perspectiva histórico-social.

Percebe-se, ao observar o cotidiano, que foi mantida a concepção Vigotskyana, Walloniana e Piagetniana, histórico-social de percepção do desenvolvimento humano. Continuam estruturados/organizados os tempos e espaços dos grupos infantis, inspirados nos "Cantinhos Temáticos" de Freinet e como são desenvolvidos e dispostos os trabalhos construídos pelos alunos. Também a forma como os alunos são ouvidos e são organizados nos momentos educativos dialógicos, em forma de roda, quando o grupo se encontra nos agrupamentos de Educação Infantil, são indicados por cores nesse terceiro grupo estudado. No entanto, não iremos nos aprofundar nesse aspecto pedagógico, visto que não é esse o nosso objeto nessa pesquisa.

Ao (re)visitar esse espaço, conhecemos a professora que chamare
mos de Jovelina, que desenvolve as ações afirmativas na Educação Básica,
especificamente na Educação Infantil, através do ensino obrigatório de
História e Cultura afrobrasileira, africana e indígena. Ela exerce o magistério há três anos nesse espaço educativo. Desenvolve esse trabalho desde
o segundo semestre de dois mil e dezessete como professora e, agora,
dá prosseguimento, estimulando a discussão, no papel de coordenação
pedagógica, se afastando da sala de aula. Conta-nos esse trabalho que
permanece e que envolve alunos, pais e responsáveis dos grupos infantis.

Esses grupos são divididos por cores e atendem crianças de dois a
cinco anos e onze meses. Sendo quatro grupos infantis, o de dois anos com
doze crianças e dos demais grupos, com quinze crianças cada um, sendo ao
todo, sessenta e sete crianças atendidas pela unidade. Dessas, observando
as fotografias num mural da sala da secretaria escolar, descobri cerca de
quinze crianças negras dentre as demais, que parecem ser brancas.

O trabalho educativo selecionado para investigação nesse espaço
é o "Projeto Ubuntu", que se iniciou no grupo chamado de vermelho,
envolvendo quinze crianças de, aproximadamente, cinco anos, sendo que
duas crianças as famílias se autodeclararam negras e os demais alunos se
autodeclaram como brancos. O objetivo do projeto, segundo informou a
professora, seria potencializar pertencimentos negros positivados por parte
das duas alunas negras mencionadas acima, que não se viam como tal,
nem percebiam que a professora em questão também era negra. Também
queriam combater o racismo individual, visto que a professora presen-
ciou uma situação de discriminação entre alunas brancas do grupo, que
estavam excluindo a aluna negra das brincadeiras. O que está de acordo
com o que ensina Cavalleiro (2001), ao ensinar oito características de uma
Educação Antirracista. Dentre elas estão:

> [...] 7. Pensa meios e formas de educar para o reconheci-
> mento positivo da diversidade racial. 8. Elabora ações que
> possibilitem o fortalecimento do autoconceito de alunos e de
> alunas pertencentes a grupos discriminados (CAVALLEIRO,
> 2001, p. 158).

O projeto educativo da creche universitária surgiu a partir da professora presenciar essa situação de discriminação racial entre algumas
alunas. Duas alunas brancas disseram para a aluna negra que ela não

poderia brincar, excluindo-a do grupo, portanto, um caso de racismo indi
vidual. Houve uma conversa com o grupo sobre a situação ocorrida, mas,
de imediato, isso não foi suficiente: era necessário construir um trabalho
educativo mais aprofundado sobre o assunto. Percebeu-se também que as
alunas negras se negavam em sua identidade racial, ainda não possuíam
um autoconceito positivo e fortalecido sobre si mesmas.

Começou-se, então, com uma conversa inicial em que refletiam sobre
a existência de várias formas de reinos/principados, em que a professora
ensinou a História e como se estruturavam social e culturalmente os mais
variados reinados: árabes, africanos, europeus, asiáticos etc. A professora
trabalhou através de Literaturas infantis e imagens pesquisadas pela
mesma. Portanto, nessa oportunidade mostrou que há príncipes e prin-
cesas das mais variadas constituições étnico-raciais, das mais variadas
cores de pele e estéticas. Logo, a professora ficou preocupada em garantir
uma relação respeitosa entre crianças e adultos e entre os alunos brancos
e negros. Potencializou uma relação amistosa entre brancos e negros,
descontruindo as hierarquias raciais que muitas vezes são reproduzidas
nos ambientes escolares. O que está concernente com Silva (2007), como
nos mostra no trecho abaixo:

> Nós, brasileiros oriundos de diferentes grupos étnico-
> -raciais – indígenas, africanos, europeus, asiáticos -,
> aprendemos a nos situar na sociedade, bem como o ensi-
> namos a outros e outras menos experientes, por meio de
> práticas sociais em que relações étnico-raciais, sociais,
> pedagógicas nos acolhem, rejeitam ou querem modificar.
> Deste modo, construímos nossas identidades – nacional,
> étnico-racial, pessoal-, aprendemos e transmitimos visão
> de mundo que se expressa nos valores, posturas, atitudes
> que assumimos, nos princípios que defendemos e ações
> que empreendemos (SILVA, 2007, p. 491).

Num outro momento educativo, em roda de conversa, a professora
fez uma dinâmica para motivar os alunos a se enxergarem em suas características físicas e psicológicas. Para que as crianças se enxergassem por
entre a caixa e o espelho que estava dentro dela. A professora Jovelina
iniciou a dinâmica se identificando em suas características globais e se
autodeclarando negra com orgulho do que via refletido. Foi quando uma
das alunas questionou novamente a questão racial intrínseca na atividade,

questionando a negritude da professora, que, segundo a sua opinião, não era negra. Um exemplo de racismo individual.

Para solucionar a questão, a Jovelina reafirmou suas características físicas, seu fenótipo negro. Em outro dia, levou as fotografias de sua família (avós, pais, irmãos e tios) e trabalhou a sua história de vida para reafirmar seus traços étnico-raciais que a aluna estava em dúvida. Após essa atividade, a aluna percebeu que a professora era realmente negra. Essa atividade nos permite acionar novamente Bell Hooks (2017), quando afirma:

> Quando a educação é prática da liberdade, os alunos não são os únicos chamados a partilhar, a confessar. A pedagogia engajada não busca simplesmente fortalecer e capacitar os alunos. Toda sala de aula em que for aplicado um modelo holístico de aprendizado será também local de crescimento para o professor, que será fortalecido e capacitado no processo. Esse fortalecimento não ocorrerá se nos recusarmos a nos abrir ao mesmo tempo em que encorajamos os alunos a corres riscos (HOOKS, 2017, p. 35).

Como o projeto era transdisciplinar, como o trabalho na educação Infantil deve ser, a professora lançou mão de várias literaturas infantis sobre a questão racial, principalmente aquelas que dizem respeito à estética negra, especificamente sobre a questão do cabelo. Ela percebeu que as alunas negras necessitavam desse trabalho. Uma das histórias trabalhadas foram as que aparecem nas ilustrações a seguir. O livro "Menina bonita do laço de fita", da autora Ana Maria Machado, foi indicado pelas famílias e foram trabalhadas as limitações contidas na história em questão, como a questão de um animal achar a menina bonita, não uma pessoa. E foi posto que havia outras literaturas infantis mais interessantes que essa, que se entrelaçam com as Histórias e Culturas africanas.

Figura 10 – Outras literaturas: "Os cabelos de Lelê" e "As tranças de Bintou"

Fonte: a autora

Cabe salientar que as famílias também foram envolvidas no projeto. No início, demonstraram um pouco de incompreensão sobre a necessidade de se trabalhar a temática, mas, posteriormente, compreenderam, a partir de reunião e conversas desenvolvidas que ocorreram, e passaram de estranhamento e incompreensões/resistências para a participação ativa, apoiando a proposta. Também enviaram materiais, como fotografias de suas famílias e literaturas, o que nos lembra Eliane Cavalleiro (2001) no trecho abaixo:

> Somente a união da experiência dos profissionais da educação e da experiência de vida das crianças e adolescentes – negros e não-negros- de seus familiares pode tornar evidentes aspectos do cotidiano escolar que escapam à nossa visão (CAVALLEIRO, 2001, p. 152).

Foram desenvolvidas outras atividades interessantes para que os alunos percebessem suas tonalidades de pele, envolvendo brincadeiras (movimento) e artes visuais. Desenvolveram uma atividade com bebês, a qual as famílias ajudaram, enviando bonecas negras para esse momento. Todos os alunos eram estimulados a cuidarem dos bebês, colocarem nomes, banharem, vestirem etc.

Outra atividade interessante foi a mesclagem de tintas em suas cores, para que encontrassem o tom de suas cores de pele, ao qual fizeram seus autorretratos. Foi nessa atividade que a aluna que chamaremos de

Luiza se autodeclarou negra ao fazer questão de desenhar seu corpo e cabelo conforme o seu fenótipo negro com alegria e orgulho. Percebemos o desenvolvimento de uma Educação que "Almeja, nesse sentido, possibilitar aos indivíduos pertencentes ao grupo de atingidos pelos preconceitos a reconquista de uma identidade positiva dotada de amor e orgulho próprios" (CAVALLEIRO, 2001, p. 150).

Figura 11 – Autorretrato

Fonte: a autora

Tais atividades auxiliaram na construção de um autoconceito também positivado, sendo significativo para a construção das identidades raciais e para o estabelecimento de uma (re)educação das relações étnico-raciais a partir do ambiente escolar, explorando a convivência para exercício do respeito à diversidade.

Figura 12 – Outros Autorretratos

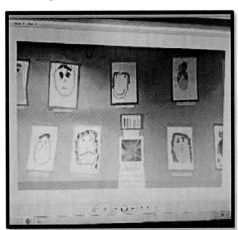

Fonte: a autora

Toda essa discussão anterior nos lembra o que diz Petronilha Beatriz Gonçalves e Silva (2007), ao falar sobre as relações étnico-racias no Brasil: "Desta forma, vamos confirmar que há muito aprendemos, ou seja, que ensinar e aprender implicam convivência. O que acarreta conflitos e exige confiança, respeito não confundidos com mera tolerância" (SILVA, 2007, p. 501).

Os alunos conheceram a memória e história contidas nas bonecas Abayomis. A professora proporcionou ao grupo uma oficina sobre a temática. Ensinou a história dessas bonecas que carregam a marca da escravização negra, mas, principalmente, a (re)existência negra e afetiva que reside em sua confecção e na memória ancestral.

Figura 13 – "Abayomis"

Fonte: a autora

A memória, mais uma vez, aparece como um traço indispensável para a construção da identidade coletiva e individual, que podemos correlacionar inclusive no diálogo entre a professora e aluna na conversa sobre a identidade racial. O que é condizente ao que afirma Michel Pollack (1992):

> Podemos portanto dizer que a memória é um elemento constituinte do sentimento de identidade, tanto individual, como coletiva, na medida em que ela é também um fator extremamente importante do sentimento de continuidade e de coerência de uma pessoa ou de um grupo em sua reconstrução de si.[...] Ninguém pode construir uma auto-imagem isenta de mudança, de negociação, de transformação em função dos outros (POLLACK, 1992, p. 204).

Outra questão que retrata o ensino de Histórias afrobrasileiras, trabalhado no projeto, foi a resistência do almirante João Cândido, na Revolta da Chibata, que já contamos antes. Os alunos ficaram encantados, mas o que chamou mais atenção e interesse dos alunos foi a história de vida de Carolina Maria de Jesus[22], através da leitura, devidamente transposta, da obra "Quarto de Despejo". Foi discutida e refletida um pouco sobre a situação da população negra favelada no Brasil. Foi articulada uma atividade de Ciências sobre reciclagem. Os alunos ficaram extremamente sensíveis e admirados com as histórias de Carolina de Jesus e refletiram, dentro de seus entendimentos de vida, sobre essa realidade. O que está de acordo com o que diz Eliane Cavalleiro (2001):

> Somente uma educação calcada na informação e no questionamento crítico a respeito das desigualdades sociais, bem como dos problemas relacionados ao preconceito e à discriminação, pode concorrer para a transformação dessa sociedade que tem, sistematicamente, alijado muitos indivíduos do direito à cidadania. Esta preocupação deve, portanto, estar presente desde a educação da criança pequena, até a educação do futuro profissional das mais distintas áreas de trabalho (CAVALLEIRO, 2001, p. 151).

---

[22] Esta atividade levou as crianças a refletirem sobre as consequências da escravização brasileira para com as populações negras. Como consequência da ausência de uma política estatal de reparação histórica e inclusão socioeconômica e política dessas populações, portanto, uma atividade de combate ao racismo, ao mito da democracia racial e a naturalização das desigualdades racializadas, que geralmente são explicadas apenas numa perspectiva meritocrática.

Foi perguntado para a professora Jovelina quando ela se descobriu negra. Ela respondeu que apenas se descobriu na faculdade e que, antes, inclusive no convívio familiar, achavam-na "morena". Quando perguntada se achava que havia relevância o fato de ser uma mulher negra, a professora afirmou que sim e complementou:

> *Sim, porque já trazemos em nós essas marcas, já que é um tema que está relacionado à nossa realidade. Que não podemos desconsiderar, pois temos outro olhar, por conta da nossa vivência, da nossa realidade. Por eu ser negra, eu tenho esse compromisso social com minha prática, eu não posso deixar passar. Como eu sou negra isso grita! É um trabalho que considero relevante!* (Fala da professora Joyce).

Ou seja, o "lugar da enunciação", de falar sobre si mesmo, (HALL, 1997), dentro de seu discurso próprio, a leva para um novo processo de subjetivação e etnicidade, tornando-a negra. Ao ver o seu verdadeiro eu enquanto sujeito histórico, linguístico e cultural, para a construção de uma nova identidade e subjetividade, situado em outro lugar contextual, o que está de acordo com as reflexões de Rocío Vera Santos (2015) sobre Etnoeducação.

Um fato curioso é que a professora Jovelina e outra profissional da unidade infantil me informaram que o ensino de História e Cultura Afrobrasileira, Africana e Indígena ocorria no cotidiano, de acordo com as "demandas trazidas pelas crianças". Mas, aproximadamente, quantifiquei a existência de quinze crianças negras atendidas na unidade e que há em média oito profissionais negras, dentre elas bolsistas, professoras, coordenadoras e outros funcionários. Com certeza, há demanda.

Há outra demanda mais importante, que se dá principalmente em razão da obrigatoriedade do ensino, concernentes nas ações afirmativas, pois prima pelos fortalecimentos dos pertencimentos e identidades raciais, da (re)educação das relações étnico-raciais, do combate necessário ao racismo. Isso é fundamental para o alcance de uma sociedade brasileira mais justa, mais equânime para todos, inclusiva, com respeito pleno à constituição multirracial e pluriétnica da população brasileira, para a construção de uma igualdade racial com o combate necessário a todas as formas de racismos existentes em nosso país.

Percebe-se, nesse trabalho, que, ao lado da interatividade com a Literatura Infantil e as Artes Visuais, o ensino de História também se fez presente no decorrer do processo educativo desenvolvido. A professora também articulou o ensino de História a partir das memórias, das histórias de vida, da história oral de alunos, de suas famílias e professoras envolvidas no projeto antirracista. As histórias de personalidades negras importantes ganharam destaque nesse ensino. O que denota, mais uma vez, que o ensino de História está presente nesses grupos de Educação Infantil. Não há dificuldades para que as crianças compreendam a importância desses conhecimentos, uma vez que ainda não possuem, em suas consciências, um racismo estruturado, como acontece com crianças mais velhas, adolescentes e jovens.

Cabe salientar que, a partir do desenvolvimento das atividades antirracistas no projeto educativo, as alunas negras dos grupos, principalmente, do grupo chamado de vermelho, passaram a se autodeclarar como negras de maneira positivada. A professora passou a não mais presenciar atitudes discriminatórias entre brancos e negros. Todas as famílias, tanto brancas como negras, se envolveram no projeto educativo, assim como os outros agrupamentos infantis (turmas), com a transposição didática apropriada para a faixa etária ou grau de desenvolvimento biopsicossocial dos alunos.

A seguir, analisaremos em profundidade esse e os demais casos, à luz dos conceitos elencados no primeiro capítulo, se são exemplos de:

Educação Decolonial, Educação Antirracista, Educação Etnoeducadora e Educação das Relações Étnico-raciais. Além disso, evidenciaremos a relação importante entre afetos e a construção de pertencimentos negros.

2.5 Entrelaçando lutas: análises sobre os trabalhos educativos realizados pelas professoras negras

Coragem, bravura e heroísmo.
(Arte Adinkra)

O projeto educativo "As Histórias que amamos no 'Coqueiro' e redondezas" foi um dos projetos antirracistas mais emocionantes e gratificantes que desenvolvi até então. Não apenas para mim, mas também para a companheira Vera Lúcia de Almeida, pois alcançou um desenvolvimento que nem eu e nem a minha companheira de trabalho, nem mesmo a escola, sequer tínhamos imaginado. Tampouco tínhamos total dimensão de sua importância quando o iniciamos junto aos alunos e suas famílias. Fomos aprendendo, lendo, estudando e observando essa importância no decorrer do desenvolvimento do projeto. Processo de análise que continua até o dia de hoje.

Apesar de ser a autora dos encaminhamentos, metodologias e objetivos, que foram plenamente alcançados, nunca o projeto teria essa abrangência e essa potencialidade sem a participação engajada, crítica e comprometida das colegas de trabalho, principalmente da professora Vera Lúcia de Almeida – que se envolveu totalmente no desenvolvimento das atividades do projeto, se dedicando ao máximo para dar certo.

Foi um trabalho, conforme aprendemos com Hooks (2017), que nos fez desenvolver mental, corporal e espiritualmente, tanto a nós como aos alunos e suas famílias. Todos nos tornamos pessoas melhores, respeitadores das diversidades culturais, identitárias, subjetivas, através da teorização em cima de nossas experiências, da análise crítica do mundo e ação transformadora, potencializada através de uma Educação como prática da liberdade.

Foi decolonial, pois proporcionou uma modificação no modo de produzir e valorar conhecimentos, mudança nos pensamentos e sentimentos, logo, nas subjetividades e identidades de todos os envolvidos. Descortinamos as hierarquias raciais que existiam para através da valorização da interculturalidade crítica, com culturas hibridizadas, mais verdadeiramente respeitadas, promover o desenvolvimento de práxis educativas insurgentes, emergentes e de novas relações étnico-raciais entre os pares negros, indígenas e brancos.

Ocorreu a valorização de pensamentos e modos de ser e fazer outros, que até então eram inferiorizados no ambiente escolar, nos discursos, nos currículos e nas metodologias (OLIVEIRA e CANDAU, 2010; MIRANDA e RIASCOS, 2016).

O projeto em sua florescência proporcionou insurgências educativas nascidas através da escuta sensível com a pesquisa da história oral, a valorização da memória dos anciãos das famílias dos alunos. Houve mudança na percepção da História local, a ressignificação das pedagogias desenvolvidas junto às turmas e a promoção de conhecimentos outros, até então subalternizados e invisibilizados com o nascimento de outras epistemologias. Muitas outras atividades e momentos educativos se desdobraram a partir da metodologia "mala de histórias". Portanto, foi um projeto Decolonial, tendo em vista que produziu novas escavações e produções no saber, no fazer e no ser.

A ressignificação de memórias desenvolveu novos pertencimentos negros, os estabelecimentos de novas relações étnico-raciais, pautadas no respeito, na solidariedade que levou a se constituírem enquanto coletivo, numa relação intercultural crítica, mais harmoniosa e menos preconceituosa racialmente. Cabe aqui destacar a consciência que estas modificações constatadas nas relações interpessoais são transitórias, que são um processo infindável de autoatualizações das identidades e subjetividades raciais e (re)educação das relações étnico-raciais. Portanto, houve fortalecimentos étnico-raciais de todos, brancos, negros e indígenas envolvidos; dos brancos, pois repensaram pensamentos e atitudes racistas, deu-se decolonização das mentes envolvidas, conforme podemos complementar abaixo, com o pensamento de Walsh (2007):

> Assim afirma Walsh (*apud.* 2007, p. 9): "assumir esta tarefa implica um trabalho decolonial dirigido a tirar as correntes e superar a escravização das mentes (como diziam Zapata Olivella y Malcon X); a desafiar e derrubar as estruturas socias, políticas e epistêmicas da colonialidade". Portanto, autora elabora, a partir dessa construção teórica, a noção de pedagogia decolonial, ou seja, uma práxis baseada numa

insurgência educativa propositiva – portanto, não somente denunciativa- em que termo insurgir representa a criação e a construção de novas condições sociais, políticas, culturais e de pensamento. Em termos, a construção de uma noção e visão pedagógica que se projeta muito além dos processos de ensino e de transmissão de saber, concebe a pedagogia como política cultural (OLIVEIRA e CANDAU, 2010, p. 28).

A metodologia da mala de histórias permitiu a retomada das histórias orais dos mais velhos das comunidades, reconfigurou a História local, que era silenciada e invisibilizada no currículo escolar. Essas memórias e histórias descobertas conceberam o início da modificação do modo de ser e perceber-se negros e indígenas, que sabemos, correm ao longo da vida humana.

O projeto em suas práxis educativas reconfiguram currículos e metodologias através do desenvolvimento de uma Educação própria, em que os negros, indígenas, falam de si mesmos: de seus conhecimentos, de suas experiências, de suas memórias, de suas histórias, de suas "gentes", de seus pensamentos outros, nascidos da valorização de processos de construções interculturais, do movimento negro, com o desenvolvimento de metodologias próprias, pautadas na escuta sensível (MIRANDA e RIASCOS, 2016).

Portanto, a escuta sensível, junto aos silenciados, aos desumanizados, aos invisibilizados, significou também o exercício do pensamento decolonial, visto que o projeto valorizou os múltiplos conhecimentos e modos de ser e fazer outros, que antes não eram valorizados pelo Estado, vendo a escola como um de seus braços de ação governamental, como vemos na reflexão abaixo, de Claudia Miranda e Riascos (2016):

> O que o pensamento decolonial apresentado pode ser entendido como uma chance de incorporarmos uma pluralidade de saberes e conhecimentos antes invisibilizados. Queremos situá-los como parte de um projeto que tem descontruído, criticamente, a configuração que impera em termos das situações nas quais somos fixados. Nesse caso, a estratégia de interrogar as bases consolidadas pelo Estado (e as circunstâncias específicas que definiram os sistemas com as quais opera) ganha força. O avanço dos estudos sobre desigualdades raciais faz parte dos resultados das idas e vindas dos(as) agentes que priorizam reinvindicar essas mudanças (MIRANDA e RIASCOS, 2016, p. 560).

Especificamente em relação ao ensino de História tradicional, houve uma grande mudança, uma vez que privilegiava um enquadramento de memória que não nos incluía, negros e indígenas na História hegemônica do bairro. E foi possível observar ainda como houve o início de uma mudança de posicionamento crítico e ativo na escola, cidadão, combatente de preconceitos e discriminações, por parte de alunos, pais e responsáveis e as professoras diretamente envolvidas. Tudo isso refletiu na diminuição do racismo na escola.

Foi um projeto antirracista: combatente do racismo institucional, que se distingue por aquele que se processo na hierarquia racial dentro das organizações/instituições diversas, mas também individual e cultural (aquele que desprestigia, ignora, invisibiliza culturas consideradas inferiores em relação às culturas brancas), presente nas relações educacionais, mas também fora do ambiente escolar. Descontruiu entre as famílias, professores e alunos, muitos preconceitos e discriminações raciais, racismos individuais, culturais e institucionais.

Foi Etnoeducador, pois todos os envolvidos se fortaleceram em suas identidades raciais; houve (re)construções das identidades raciais negras e indígenas, fortalecimento da identidade coletiva através da valorização e retomada das memórias dos anciões e do exercício da palavra, tomada de posse da cidadania negada.

Percebeu-se também a (re)educação das relações étnico-raciais pautadas depois, no respeito e solidariedade através desse projeto coletivo, antirracista, etnoeducador, libertador, transgressor e decolonial. "As Histórias que amamos no 'Coqueiro' e redondezas": um ser e fazer educativo outro, exaltando memórias e Histórias nascidas dos outros. Quebrando grilhões que existiam em mentes e corações engajados na realização de uma Educação Outra.

O trabalho educativo realizado pelas professoras Izadora e Leona também é considerado um forte engajamento na desconstrução de preconceitos e discriminações raciais, do racismo institucional, cultural e individual, existentes no interior da escola analisada. Comprometidas com o ensino de História e Cultura Afrobrasileira e Africana, principalmente. Portanto, é um trabalho antirracista, sem dúvida. Partiu do ensino de história, a retomada das memórias dos mais velhos (SANTOS, 2015), das histórias de vida das famílias, para ressignificar o currículo escolar na educação infantil.

Também se percebeu uma (re)educação das relações étnico-raciais, visto que permitiu que alunos brancos, negros, orientais e descendentes de ameríndios passassem a se reeducar nas relações interpessoais ocorridas em sala de aula, estabelecendo o respeito mútuo em relação à diversidade étnica e racial, por parte do grupo, a partir dos conhecimentos sobre as histórias e culturas dos povos constituidores de nosso país. Com o estabelecimento de relações mais amistosas entre alunos, as professoras envolvidas e familiares das crianças, que estão se envolvendo plenamente nas atividades desenvolvidas junto ao grupo. Portanto, ocorreu uma nova educação das relações étnico-raciais. (SILVA, 2007). Combativa do racismo individual e institucional.

As professoras perceberam que a questão de serem professoras negras foi fundamental para o desenvolvimento de momentos, atividades educativas que fossem mais engajadas com a tecitura de um currículo narrativo conforme ensina Goodson (2008), que parte das próprias famílias envolvidas, principalmente para a realização de uma Educação que prime pela valorização dos que são excluídos e, normalmente, silenciados do currículo oficial e oculto. Isto porque são motivados a falarem sobre eles mesmos, já que se desenvolveram metodologias que valorizam, de fato, a oralidade, as histórias de vida daqueles que quase nunca são contemplados nesses processos escolares formais.

As professoras também perceberam a importância de serem elas mesmas, mulheres negras, a pensarem sobre processos educativos que espelham o que são, seus sonhos e interesses. Assim, podemos caracterizar que são etnoeducadoras, pois idealizam e praticam uma educação que partiu dos conhecimentos dos mais velhos das famílias envolvidas, das memórias dos anciões, para a construção de práxis educativas que primam pelas construções e fortalecimentos identitários e das subjetividades dos envolvidos no trabalho antirracista, principalmente por parte daqueles que geralmente são os vulnerabilizados em seus pertencimentos: negros e descendentes de indígenas.

Tudo isso nos leva a perceber, assim como o outro projeto anterior, o quanto precisamos retomar as nossas memórias silenciadas em nossas cidades, as ancestralidades negras e indígenas, para garantirmos essa construção identitária e subjetiva, tanto individual como coletiva, para o fortalecimento de nossas existências e exercício pleno da cidadania. Assim, apostaremos na construção de uma realidade mais inclusiva das diversidades étnico-raciais, de uma sociedade brasileira que tenha justiça social e igualdade racial.

O trabalho antirracista das professoras negras objetiva o respeito ao ensino de História e Cultura Afrobrasileira, Africana e Indígena, caminhando na direção de uma educação Decolonial, uma vez que necessita de um engajamento e envolvimento coletivo da comunidade escolar, com mudanças mais profundas no pensar, no fazer e ser, a construção de uma Educação que tenha a desobediência epistêmica de desconstruir a colonialidade exercida sobre sujeitos, poderes e conhecimentos e, para isso, é preciso o envolvimento de todas ou da grande maioria das turmas da unidade escolar. Também vale frisar a necessidade do respeito pleno à obrigatoriedade das ações afirmativas pelas outras professoras e professores, pois trazem benefícios de desenvolvimento integral para todos: negros, brancos, dentre outras raças/etnias.

O conjunto desse trabalho educativo é antirracista: educador das relações étnico-raciais, combatente dos racismos na escola e também é Etnoeducador, pois foi nascido a partir de professoras negras e potencializador da construção das identidades raciais e subjetividades.

Para conhecer o projeto "Ubuntu", desenvolvido pela professora 'Jovelina', da unidade infantil universitária, foi necessário olhar entre as brechas, entre o dito e o não dito.

O trabalho educativo nasce com a necessidade de combater os preconceitos e discriminações raciais percebidas entre os alunos brancos e negros com cinco anos de idade, como reflexo do racismo estruturado na sociedade brasileira. Nasceu da necessidade também de motivar a construção de uma autoimagem e autoconceito positivo pelas alunas negras, que não se viam assim, nem viam os outros sujeitos como negros e negras, como consequência do processo de miscigenação/embranquecimento que ainda está em curso no país, como política de Estado, desde o final do século XVIII, conforme vimos no início desse trabalho. Percebe-se um racismo estrutural, racismo que, como vimos, está impregnado nas relações culturais, educacionais, políticas, sociais e outras e também, individual, que se distingue pelos preconceitos e discriminações que atuam sobre uma dada pessoa, nessa questão, com a negação da autoimagem negra.

Nesse trabalho, houve uma articulação mais marcada entre História, Literatura e Artes, em que a linguagem artística foi mais entrecruzada com o ensino de história, já que houve a retomada de histórias acerca de heróis e heroínas negras, nesse último período de cinco anos para cá, inclusive na Educação Infantil, em que a criança tem mais acesso às vidas/biografias de nomes como Carolina Maria de Jesus e João Cândido.

O ensino de história também interagiu com culturas negras, por exemplo, ao se explicar sobre as bonecas Abayomis, pois assim refletiram e conheceram um pouco sobre a escravização africana e suas consequências sociopolíticas e econômicas, que permanecem até hoje para com as populações negras.

Portanto, o ensino de história ocorreu e potencializou também práxis transdisciplinares antirracistas, logo, o projeto educativo é obviamente antirracista.

Com o desenvolvimento do projeto através de uma professora negra, a Jovelina. As alunas negras que se autonegavam passaram a ter pertencimentos negros, a construírem as suas identidades raciais, percebendo que tinham beleza em seus traços identitários, assumindo-os através de enunciações e em seu autodesenho. Também há uma marca da Etnoeducação nesse projeto "Ubuntu": a professora e a aluna tornaram-se negras (SANTOS, 1983), porque elas, em comunhão, se autodeclararam negras com orgulho! A professora, a partir de um engajamento político consciente de seu papel, enquanto educadora negra, nesse processo de constituição identitária e política, motivou a construção do ser negro/a por parte dos/as alunos/as.

As relações entre negros e brancos foram reestabelecidas com uma educação em relação ao respeito às diversidades étnico-raciais: racismos individuais, percebidos entre os alunos, não mais ocorreram. E isso tem relação com o pleno envolvimento das famílias dos alunos e dos outros grupamentos infantis, que fizeram as transposições/adaptações didáticas a partir da faixa etária de cada grupo, como explicado anteriormente, logo, ocorreu uma Educação das relações étnico-raciais através do projeto educativo.

Uma questão percebida entre as brechas é que, apesar do Projeto "Ubuntu" continuar presente nos momentos educativos tecidos na unidade infantil, houve depoimentos de profissionais da unidade escolar de que o ensino de História e Cultura Afrobrasileira, Africana e Indígena acontecia apenas de acordo com a demanda trazida pelas crianças. Era trabalhada a questão racial apenas quando era mencionada por uma criança.

Pela observação realizada, há, ao menos, quinze crianças negras, pretas e pardas (segundo critérios do IBGE), sendo atendidas na unidade infantil, fora a existência de cerca de oito profissionais negras que se relacionam diretamente com os alunos. Logo, a questão racial deverá ser discutida e devem ser realizadas atividades ao longo do ano, independente de falas ou interesses expressos pelos alunos, pois há a necessidade também a partir da existência de vários negros e negras na unidade escolar.

Mesmo se não houvesse alunos e pessoas negras na unidade escolar, há a necessidade urgente dessa discussão e do combate ao racismo, tendo em vista sermos um país com forte herança escravocrata, que se espraiam em desigualdades socioeconômicas e políticas racializadas. Precisamos construir novas consciências políticas e combater o racismo para o estabelecimentos de uma sociedade brasileira mais justa, mais equânime e com mais igualdade racial, levando em consideração a sua constituição interétnica e multirracial de sua população, logo, a obrigatoriedade das ações afirmativas devem ser plenamente respeitadas.

O Projeto "Ubuntu" é exemplo de uma proposta de educação antirracista, pois procura combater o racismo individual e institucional e é etnoeducador, destacando o compromisso e engajamento político da professora Jovelina, enquanto idealizadora e mediadora de uma educação das relações étnico--raciais que envolve todos os grupos infantis. O trabalho antirracista está caminhando para a ressignificação ampla dos conhecimentos ensinados e perpassados para os alunos e seus familiares, através da reconstrução de seu currículo escolar, no sentido de abarcar um pensamento Decolonial.

É importante salientar que em todos os espaços educativos observados num município fluminense do Estado do Rio, podemos perceber a existência de racismos, pois é uma realidade estrutural em nossa sociedade brasileira, que acaba influenciando a escola: científica, institucional, cultural e individualmente, em menor ou maior grau, não necessariamente todas as formas estão presentes em todos os ambientes pesquisados ao mesmo tempo, conforme mostramos, pois nenhuma escola é igual a outra.

Em dois ambientes, percebemos que o Racismo Institucional, Cultural e Individual se apresenta de modo velado, sutil, em um ambiente escolar está explícito: o periférico. Conforme foi escrito nos capítulos anteriores, mas, mesmo assim, apesar da hegemonia vigente, há, em todas essas instituições corajosas, contra-hegemonias: trabalhos educativos antirracistas e etnoeducadores também com outras características, um é também Decolonial, conforme a potência que conferimos, na investigação de cada um dos trabalhos educativos, lendo os casos. Sempre houve resistências negras no Brasil, desde a sua fundação, afinal, nossos passos vêm de longe, nossa força é ancestral.

Cabe fechar a análise de todas as práxis educativas pesquisadas, desenvolvidas pelas professoras negras, afirmando que foram reveladoras de afetos e amores que se transpareceram no cuidado ao planejarem essas práxis antirracistas e/ou decoloniais. Afetos e amores percebidos nos toques, nas escutas, nos elogios, no respeito tecido pelas professoras negras para com (todos) os alunos e suas famílias, para motivarem uma boa relação: respeitosa, antirracista, de alunos para alunos, que antes não se tocavam ou se evitavam devido aos racismos e autonegações, ou ainda a partir de pretensas superioridades/inferioridades raciais.

O afeto e o amor, enquanto ato político, permitiram a transformação das subjetividades e identidades raciais em todos os três trabalhos educativos pesquisados, com maior ou menor abrangência. Possibilitaram aos alunos e professoras tornarem-se negras, ou reafirmarem seus pertencimentos e reconhecerem como algo relevante para o estabelecimento de seus trabalhos, pois, através da autoidentificação e autoconceito positivados, fortalecem também os alunos negros, revigoram os afetos por parte das famílias negras para com seus filhos. Ao tecerem afetos com o desenvolvimento das identidades e solidariedades raciais negras e/ou indígenas, inclusive delas mesmas, através de autoatualizações, como vimos com Hooks (2017).

Com o desenvolvimento do poder do amor como ato político, todas as professoras negras também desenvolveram uma reeducação das relações étnico-raciais entre brancos, negros, indígenas, orientais etc, que são processuais e nunca se findam. O afeto e amor foram exaltados nas práxis educativas desenvolvidas para o restabelecimento de laços humanitários entre todas as diversidades raciais envolvidas nos processos educativos observados.

Potencializaram o fortalecimento das identidades brancas que são levadas a se autoatualizarem, ao rever e desconstruir preconceitos e discriminações raciais que naturalmente praticavam. Ao potencializarem a curiosidade em conhecer as memórias, histórias e culturas dos outros povos que eram os outros colonizados, o desenvolvimento do respeito às diversidades étnico-raciais, plantando sementes para um mundo melhor, com mais igualdade racial e justiça social para todos, sem colonização de nenhum ser, conhecer ou poder, por ninguém. O amor enquanto ato político decolonizador.

CAPÍTULO 3

APRESENTANDO A MALA DE HISTÓRIAS: "NOSSOS PASSOS VÊM DE LONGE: QUANDO A HISTÓRIA VEM DE CASA"

Sankofa: Nunca é tarde para voltar e apanhar o que ficou para trás.
(Arte Adrinka)

O produto da minha dissertação terá como premissa apresentar aos professores uma proposta metodológica para potencializar o Ensino de História enquanto construtor de uma Educação Antirracista e decolonial na Educação Básica. Dialogando com Mignolo (2003), é uma metodologia nascida entre as brechas, concebida dentro de um território segregado, marcado pelo colonialismo, uma favela. A mala de Histórias nasce como resposta à violência colonial que persiste em nosso país, como resposta às formas de racismo, à opressão. É uma diferença colonial, pois propicia construções epistemológicas pelos próprios subalternizados, pelos outros coloniais. Uma metodologia concebida por esta mulher negra e periférica, para favorecer o nascimento/descobrimento de conhecimentos outros que muitas vezes são silenciados e invisibilizados nas escolas e em seus currículos oficiais.

Pretende-se que esta metodologia seja capaz de possibilitar a valorização e o reconhecimento das memórias dos mais velhos das famílias dos alunos, a fim de ressignificar o currículo escolar e oculto, que combata a perpetuação das várias formas de racismos à brasileira, existentes nas relações étnico-raciais. Configura-se, portanto, como uma metodologia com desobediência epistêmica, alargando fronteiras dos conhecimentos e formas de aprender. Fortalece o desenvolvimento de uma Educação Antirracista com a implementação plena das leis 10.639/03 e 11.645/08, que obrigam o ensino de História e Cultura Afrobrasileira e Africana e a última lei citada amplia para a questão indígena.

A mala de História **"Nossos passos vêm de longe: quando a História vem de casa"** leva os seus participantes, os sujeitos envolvidos na metodologia, não apenas os alunos, mas suas famílias e professores a construírem as suas identidades e subjetividades raciais com uma autoimagem e autoconceituação positiva. Portanto, é uma ferramenta pedagógica, histórica e também Etnoeducadora, pois foi concebida por uma mulher e professora negra. A metodologia leva os professores e professoras a construírem um ensino de História outro e valoriza as memórias dos silenciados, dos excluídos, para a construção de uma Educação antirracista e decolonial, descontruindo a subalternidade e hierarquias existentes entre conhecimentos, poderes e seres, impostas a todos os povos não-brancos. A mala favorece a valorização das Histórias e Resistências dos próprios alunos e seus familiares enquanto construtores de suas próprias memórias e histórias.

A metodologia da Mala consiste inicialmente em elencar uma série de materiais indispensáveis para possibilitar às famílias dos alunos envolvidos na proposta o livre registro, ao ressignificarem as memórias dos mais velhos de suas famílias. Tais memórias podem e devem remontar também a fundação da localidade e descortinar as histórias invisibilizadas e silenciadas pela historiografia oficial de um dado bairro ou cidade/município.

A Mala disponibilizada por esse projeto de pesquisa terá um manual inicial, na primeira página, explicando o intuito, um caderno de memórias (grande, de dez matérias). Nas páginas subsequentes do caderno de memórias, uma parte destinada à descrição das memórias por alguém da família, em que constará o nome da família envolvida e a data do envio para a família. Ao lado dessa página, deverá ser colada uma folha em branco, com a identificação do projeto, para as famílias realizarem desenhos com seus filhos e/ou colarem fotografias ilustrativas que retratam as memórias contadas pelos mais velhos.

Dentro da Mala, que é uma bolsa confeccionada em tecido africano ou étnico, com o título: **"Nossos passos vêm de longe: quando a História vem de casa"**, enfeitada com artes Adinkras que foram selecionadas para a dissertação, terá: lápis de cor e de cera tradicional e das cores de pele negras, canetas esferográficas de várias cores, estojo de canetas pilotos e estojo de tintas guaches, assim como conjunto de pincéis, todo o material que as famílias queiram lançar mão na confecção dos registros sobre as memórias dos mais velhos da família. Apesar do produto ser uma bolsa confeccionada com tecido africano ou étnico, ela é conceituada de "mala" para materializar a importância das memórias transitarem entre os espaços não formais e formais de ensino e aprendizagem e vice-versa: para materializar que o conhecimento deve viajar, ser acessível para todos os sujeitos históricos. Também é feito para enaltecer o movimento, o trânsito necessário para a (re)construção constante de conhecimentos, a ressignificação dialética e dialógica do conhecimento escolar a partir dos conhecimentos tidos como subalternizados e inferiores.

Para se utilizar a Mala de Histórias, enumero, a seguir, alguns passos ou etapas para os professores.

- Primeiro passo: é preciso explicar esse intuito para os alunos, procurando ouvi-los e envolvê-los quanto ao desenvolvimento da atividade. Mostrando a mala de histórias ao grupo de alunos. Com certeza, já serão os primeiros a contarem a "novidade" para os seus familiares;

- Em seguida, é preciso dialogar com toda a comunidade escolar, Equipe Pedagógica e, principalmente, com as famílias dos alunos ou das turmas envolvidas. Inicialmente, é preciso explicar à Equipe Escolar os seus objetivos, ou seja, à Direção ou Gestão escolar, professores e demais profissionais da Educação, numa reunião específica. Também se recomenda envolver ao máximo toda a escola para ser um projeto coletivo;

- O terceiro passo seria realizar uma reunião com os responsáveis, familiares dos alunos, explicando o intuito e frisando a necessidade de uma adesão comprometida e engajada. Isto porque as famílias deverão se comprometer em manter os materiais dentro da mala e reenviar o material em até duas semanas;

- Quarto ponto: é necessário que, toda vez que as famílias levarem a mala de Histórias, seja realizado um registro fotográfico da família juntamente com a criança ou apenas do estudante, levando a mala para a casa;

- Quinto passo: é preciso que, no retorno, a criança (também o adolescente, jovem ou adulto) deva, juntamente com a professora responsável pelo projeto, em roda de *Histórias e Memórias*, contar as memórias dos mais velhos de suas famílias para os demais alunos e/ou professores participantes. Tecendo um momento dialógico e dialético de novas construções de conhecimentos, seres e fazeres.

E todas essas fotografias deverão culminar num portfólio, que pode ser digital (exposto na internet), garantindo o acesso pela comunidade escolar. É aconselhável a exposição das descobertas feitas ao final do processo, numa culminância, por exemplo.

Essa atividade pode ser desenvolvida em toda a Educação Básica, não apenas na Educação Infantil.

O produto está apresentado no destaque do Instagram pessoal da autora: @josianepecanhajo.

Lá, me apresento enquanto idealizadora, apresento o produto da mala de História, voltado principalmente para professores que atuam junto à Educação Básica. No domínio acima, me coloco à disposição para apresentação deste produto em instituições educativas, formais e não formais de ensino e aprendizado.

CONCLUSÃO

O presente estudo é uma pesquisa qualitativa com observações dos participantes: de modo natural na turma do projeto educativo "As Histórias que amamos no Coqueiro e redondezas", desenvolvido por mim e pela professora Vera Rodrigues; e observações do tipo artificial no grupo infantil da professora "Isadora" e "Leona" e na creche universitária, com a professora "Jovelina", no Projeto "Ubuntu". Portanto, foram analisadas/ pesquisadas três realidades de Educação Infantil distintas no município pesquisado, envolvendo três professoras negras, com faixas etárias diferentes, em territórios, ora periféricos, ora centrais.

Na parte 1, no capítulo 1: "Racismo à Brasileira, lutas e resistências negras", em seus subitens, iniciou-se o trabalho proporcionando um panorama geral de constituição do Racismo à brasileira do século XVI ao início do século XIX, para compreendermos a formação política das mais variadas formas de articulação puramente ideológicas, para respaldar e justificar a superioridade da população branca, cristã, heteronormativa e de origem europeia sobre outros grupos sociopolíticos subalternizados no processo de dominação/colonização. Perceber como foi historicamente formulada as várias formas de racismos à brasileira foi importante para entendermos a sua reprodução/desconstrução permanente e conflituosa no espaço escolar, quando analisamos os casos pesquisados na parte 3.

Parte deste primeiro capítulo, o subitem 1.1.1.: "Nossos passos vêm de longe: a construção da lei 10.639/03", que procurou evidenciar as principais lutas e resistências negras como respostas políticas à hegemonia imposta, articulando-se das mais variadas formas e estratégias, com abrangências nacionais e internacionais. Foi apresentada a multiplicidade e força de movimentos antirracistas e, pode-se dizer, decoloniais. Finalizamos a análise com a importância do protagonismo das mulheres negras, que sempre marcaram presença no percurso das lutas negras no decorrer da história brasileira, mas que, a partir da década de 70, têm se destacado pelo grande número de representatividades femininas, que agem através das mais variadas estratégias de mobilizações políticas. E também como todas as lutas e resistências negras culminaram na construção/consolidação de algumas políticas de reparação histórica para com as populações negras, marcadas por uma herança escravocrata, que se materializa em graves desigualdades socioeconômicas e políticas racializadas em nosso país.

Essa longa luta de negros e negras por justiça social e democracia racial culminaram também nas ações afirmativas na Educação, como as leis 10.639/03 e 11.645/08. Os movimentos negros perceberam a Educação antirracista como importantíssima para o combate ao racismo, a (re)educação das relações étnico-raciais e a construção das identidades e subjetividades raciais, comprometidas pelas variadas formas de racismo, é o que discutimos no subcapitulo 1.1.2.: "Como fica(m) a(s) identidade(s) negra(s)". Nas lutas negras, são tecidas contra-hegemonias, a importância do desenvolvimento de pensamento decolonial e antirracista dentro dos espaços escolares com a inclusão dos negros (e dos índios) reconhecidos nos currículos e nas variadas metodologias adotadas. Nesse capítulo, é retratado que negros e negras organizados politicamente perceberam que é importantíssimo a delimitação e valorização de conhecimentos para a construção de novas identidades negras e subjetividades, livres das amarras ideológicas dos preconceitos raciais, de errôneas e inadmissíveis inferioridades/superioridades entre brancos, negros e outras constituições étnico-raciais.

No subitem 1.2., juntamente com os demais desdobramentos subsequentes, discutimos a importância da construção de uma nova Educação, de um novo pensamento, com desobediência epistêmica – como nos ensinam Vera Candau e Luiz Fernandes Oliveira (2010), Claudia Miranda e Fanny Millena Riascos (2016), Catherine Walsh (2013) – que horizontalize em importância todas as formas de conhecimentos, corpos e mentes. Também se aposta numa Educação potencializadora da democratização quanto ao acesso e exercício de poderes, de democracia e de cidadania por todos. Uma Educação decolonial que leve à desconstrução da existência de um único padrão, como norma a ser atingida e reverenciada como a portadora da perfeição e da verdade científica. Uma Educação que contemple a existência e importância de várias cosmovisões, de todos os sistemas-mundo, que valorize e respeite todos os conhecimentos e seres, em que processos de ensino-aprendizagem, interações interpessoais e currículos sejam garantidores de inclusões e respeito para todos. Defende-se o desenvolvimento de uma educação forjada/pensada e praticada pelos próprios subalternizados, uma Etnoeducação (ARTUNDUAGA, 1997). Além disso, também se deseja e se investe numa (re)educação das relações étnico-raciais entre brancos, negros, indígenas, orientais e outras etnias e raças (SILVA, 2007).

Nesse sentido, no subcapítulo 1.3., chamado "O ensino de história escolar e de história e cultura afrobrasileira e africana e o papel da professora negra", chegamos à conclusão que é necessário o surgimento de um novo ensino de história, uma história a contrapelo com Ana Maria Monteiro (2010); e que também seja contemplativo das Histórias e Culturas Afrobrasileiras e Africanas. Portanto, defende-se uma História desobediente de padrões epistemológicos como fundamental elemento para fortalecimentos individuais e coletivos, nascidos das narrativas que antes eram silenciadas ou negadas desde a Educação Infantil.

Nessa etapa da Educação básica, o ensino de História também deve acontecer, sendo fundamental para potencializar a transformação social tão sonhada, começando pelas novas gerações.

Naquele mesmo subcapítulo, no processo de consolidação de um ensino de história outro, evidenciamos o papel dos professores, principalmente das professoras negras como elo fundamental e ancestral de lutas e resistências negras. As professoras negras têm papel fundamental como agentes de transformação (GOODSON, 2008), como intelectuais transformadoras (GIROUX, 1997) ao movimentar, enquanto base, toda a estrutura educacional e social brasileira. Isto porque possuem a vivência de todas as formas de racismos e discriminações a que são vítimas, desde a infância, em relação aos seus corpos, mentes e conhecimentos – como, ser negra e ser mulher.

No subcapítulo 1.4., "Relações de afeto e pertencimentos em sala de aula: um diálogo necessário", percebemos um processo necessário e urgente de conhecimento ou (re)descobrimento de nós mesmos, de nos tornarmos verdadeiramente negros (SOUZA, Neuza, 1983), descobrimos o outro como constitutivo ou destrutivo de nossas próprias subjetividades e identidades, que através do exercício das variadas formas de violências também embrutecem a sua humanidade. Deparamo-nos com o outro, a norma, que precisa avançar conosco: o outro que historicamente nos ignora e marginaliza, por medo, por desconhecimento, por reprodução dos erros históricos, sociológicos, psicológicos e educacionais. Um outro que também somente terá a sua identidade racial verdadeiramente fortalecida, quando estiver livre do medo constante dos outros, quando livrar a mente do domínio do exercício das variadas formas de racismos, ao se livrar da gana por controle sobre as pessoas, sobre os poderes e os conhecimentos.

Nesse mesmo subcapítulo, chegamos à importância do amor enquanto reparador político e corajoso das identidades raciais, para desencadear a libertação da opressão sentida, como diz Paulo Freire (1987) e garantir a transformação educacional e de consciência histórica necessária. Destacamos, dentre outros fatores, o amor enquanto ato político, de coragem e de reparação histórica, para nos desfazermos das feridas encrustadas em nossos corações, marcadas a ferro quente pela escravidão. Junto à necessidade de justiça social e cognitiva para nós, negros, o amor também é reivindicado como ato político transformador para que construamos e para que nos devolvam a humanidade. O amor que será capaz de selar a (re)construção de nossas identidades e solidariedades raciais, nos libertando do impacto esfacelador da escravidão em nossos corpos, em nossas subjetividades, em nossas famílias negras. Capaz, então, de nos tornar todos irmanados em nossa ancestralidade e nos devolvendo a nossa humanidade negada nesse processo de (re)descobertas mútuas.

Na parte dois desse trabalho, no capítulo 2, "É possível desenvolver uma Educação Antirracista e Decolonial a partir do ensino de História?", entramos nas rodas de discussões sobre os três casos analisados. Estudamos as três unidades de educação infantil através de pesquisas de cunho qualitativo, com observações realizadas em aproximados três meses de visitas, entrevistas e as próprias observações. Conseguimos perceber, nesses espaços de Educação Infantil, como essas trajetórias de lutas e resistências negras se refletem nas escolas, impulsionando respostas aos vários tipos de racismos estruturais, percebidos nas relações interpessoais e pedagógicas tecidas nesses espaços educativos. Percebemos que existe a reprodução de hegemonias historicamente estruturadas, mas também há contra-hegemonias. Constatamos racismos, mas há antirracismos. Dar-se-á reprodução da colonialidade, mas também existem brechas decoloniais sendo potencializadas, como afirma Walsh (2014), ou diferenças coloniais – nascidas das margens da colonialidade –, como ensina Mignolo (2003). Analisamos os três casos em três subcapítulos como respostas às problematizações a partir das discussões sobre educação decolonial segundo Bell Hooks (2017), Claudia Miranda e Fanny Riascos (2016), sobre Etnoeducação com Rocío Vera Santos (2016), sobre a realização de Educação antirracista com Eliane Cavalleiro (2001) e outros, e ainda sobre Educação e Relações étnico-raciais com Petronilha Beatriz Gonçalves e Silva (2007).

No subcapítulo 2.2, "Por uma Educação Transgressora: antirracista e Decolonial", analisamos o desenvolvimento da metodologia da mala de histórias pelas professoras negras Josiane e Vera – entre os anos de 2013/2014 –, junto a vinte e um alunos brancos, negros e descendentes indígenas (entre três e quatro anos de idade), pertencentes às camadas populares. O projeto motivou a reconstrução da história local a partir da pesquisa junto às memórias dos anciãos, dos mais velhos das dezoito famílias participantes no projeto. Fato este muito semelhante ao exemplo de Etnoeducação afroequatoriana que vimos com a discussão de Rocío Vera Santos (2016), articulando outras atividades interdisciplinares envolvendo linguagens (literatura e escrita) e artes. Deu-se, assim, uma nova educação, ou seja, uma educação Etnoeducadora, transgressora (Hooks, 2017), libertadora, esculpida por professoras negras, tecendo novas relações de afeto, de amor e de pertencimentos negros entre elas, alunos e familiares.

O Projeto "As Histórias que amamos no 'Coqueiro' e redondezas" propiciou também uma reeducação das relações étnico-raciais entre brancos, negros e descendentes de indígenas, que passaram a se relacionar com mais respeitabilidade e harmonia, conforme ensina Petronilha Beatriz Silva (2007). Com a reconstrução do currículo escolar e das metodologiais desenvolvidas, através da valoração de seres, poderes e conhecimentos até então subalternizados e silenciados na escola a partir do ensino de história, logo, percebemos o nascimento de uma educação decolonial (OLIVEIRA, 2018). O projeto educativo ainda combateu e desconstruiu racismos individuais, científicos e culturais percebidos nas interações entre professores, alunos e familiares. Envolveu a grande maioria dos outros grupos e turmas da Educação Infantil. Várias professoras aderiram à metodologia, com a reprodução de vários outros tipos de "malas", elemento importante no combate ao racismo institucional percebido.

No subitem "Quando à lei 10.639/03 vira currículo na Educação Infantil", apresentamos as práxis educativas desenvolvidas pelas professoras "Izadora e Leona" em curso nesse ano letivo de 2018, junto a dezessete alunos entre cinco a seis anos – dentre eles negros, brancos e um oriental – pertencentes a diversas camadas sociais. Constatamos, também, a força e a identificação direta de professoras negras no desenvolvimento de uma Educação Antirracista, percebendo os racismos ocorridos no ambiente escolar e combatendo prontamente. Novamente se destaca a ação/reflexão de professoras negras na construção de uma Educação de agenda própria (MIRANDA, 2010), uma Etnoeducação (SANTOS, 2016). As professoras desenvolvem várias práxis interdisciplinares a partir do ensino de história, tecidas da pesquisa sobre as memórias das famílias dos alunos acerca de suas origens étnico-raciais, nos deparando com um apagamento brutal da memória sobre as origens ancestrais das famílias.

Portanto, as atividades estabelecidas pelas professoras negras, envolvendo ensino de história, artes visuais e literatura, também se distinguem por Etnoeducação, Educação Antirracista e conferem uma reeducação das relações étnico-raciais, nos afirmando que situações de racismos individuais não estão sendo mais percebidas entre famílias e professoras negras. Também semeiam uma Educação decolonial, despontando como exemplo promissor para o desdobramento em toda a escola, envolvendo todas as turmas, para a construção de novas epistemologias e combate ao racismo institucional.

No subcapítulo 2.4, "Ubuntu: eu sou porque nós somos: antirracismo numa creche universitária", a professora "Jovelina" construiu o projeto educativo em 2016 a partir de uma situação de racismo individual percebido entre alunas negras e brancas, logo, o projeto já nasceu antirracista junto a um grupo infantil de cinco anos (com quinze alunos de diferentes classes sociais). Surgiu para combater e desconstruir o racismo, fazer refletir sobre as origens das desigualdades socioeconômicas racializadas, fortalecer as identidades raciais, os autoconceitos e valorizar as imagens das alunas negras que se autonegavam. Também é um projeto etnoeducador, pois nascia a partir do compromisso político de uma professora negra, de seu lugar de fala e de existência. O projeto continua sendo desenvolvido, no entanto, a instituição ainda precisa desenvolver plenamente a obrigatoriedade das ações afirmativas sobre o ensino de História e Cultura Afrobrasileira e Africana, que ainda estão em processo.

A professora "Jovelina" desenvolveu uma série de atividades antirracistas de modo interdisciplinar, envolvendo, principalmente, a Literatura, as Artes Visuais, mas também percebemos o ensino de História em vários momentos, como construtor de uma educação antirracista. O projeto Ubuntu nasce às margens da colonialidade de um espaço impregnado de eurocentrismo, como uma brecha de florescimento de uma Educação decolonial.

Ratificamos, através da análise desses casos, como é fundamental o posicionamento político de professoras negras para a construção de práxis antirracistas e decoloniais a partir do ensino de história, nascidas das próprias professoras enquanto etnoeducadoras. Ao tecerem uma

Educação que valoriza a ancestralidade, as raízes e origens históricas de cada família, as memórias dos mais velhos, a valorização das histórias de nossos heróis e heroínas negras e de nossas culturas e histórias, as professoras contribuem para a construção de Educações pensadas e desenvolvidas pelos próprios marginalizados, pelos subalternizados.

Concluímos que os três casos dos estudos das professoras negras desenvolvem etnoeducações, porque são pensados por mulheres negras no processo de constituição identitária e subjetiva, tanto individual quanto coletiva, através dos conhecimentos dos heróis e heroínas negras e dos conhecimentos/memórias dos mais velhos, principalmente nos trabalhos desenvolvidos pelas professoras Josiane e Vera, além de "Izadora" e "Leona". Constatamos que todas as três práxis são antirracistas: são reflexões dialéticas e dialógicas de articulação prática, que combatem o racismo e envolvem as famílias, levando a reflexões sobre as graves desigualdades decorrentes da escravização e potencializando a (re) educação das relações étnico-raciais, permitindo um (re)descobrimento de pertencimentos e subjetividades negras. Processo este que ocorre ao longo da vida dos sujeitos, sendo uma luta constante.

Concluímos ainda que todas as três práxis pesquisadas possuem características de Educação Decolonial, pois envolvem, paulatinamente, os sujeitos nos processos de educar nas unidades de ensino, fomentando o crescente envolvimento da comunidade escolar, modificando lugares de fala e poderes simbólicos, identitários e subjetivos. Tais práxis em maior ou menor profundidade provocam mudanças epistemológicas no currículo escolar, nas metodologias e nas relações interpessoais, logo, é provocada uma mudança estrutural nos processos escolares e de modo mais aprofundado no projeto "As Histórias que amamos no 'Coqueiro' e redondezas". Até hoje, são desenvolvidas reflexões a respeito deste projeto educativo, frisando aqui que este processo de transformação da educação, de mentes e corpos e da sociedade. É um processo dialético infindável.

Os três casos nos mostram a importância da construção de práxis antirracistas e decoloniais a partir da valorização das narrativas dos próprios afetados pela colonialidade do ser, do poder e do conhecimento como resistências e desobediências epistêmicas, políticas, sociais e ideológicas. Tais práxis motivaram a (re)educação das relações étnico-raciais na construção das identidades e subjetividades raciais, nascidas a partir da Etnoeducação e também do poder do amor como ato político, de coragem e de liberdade, História e Educação nascidas da escuta, na dialogicidade, ao estreitar laços com e entre as famílias, ao estabelecer relações de afeto para tecer fortalecimentos dos pertencimentos negros. As análises nos mostram o quanto é urgente e necessário o desenvolvimento de uma Educação Antirracista e Decolonial junto às novas gerações para a construção de novas consciências históricas e políticas. Posicionamento político para a transformação social e política, começando pela Educação.

Na parte três desse estudo, a partir de toda essa discussão tecida, é apresentada uma semente para o plantio de novas epistemologias, uma metodologia desobediente, partindo do amor como ato político para conscientização e libertação da opressão sentida e de valorização política dos conhecimentos produzidos pelos subalternizados, das histórias e memórias contra- hegemônicas. E apresento, por fim, como produto, a mala de histórias, "Nossos passos vêm de longe: quando a História vem de casa", uma diferença colonial, nascida em meio às ruínas da colonialidade, construída por uma mulher e professora negra, para a valorização das histórias e memórias silenciadas e invisibilizadas no currículo escolar e na história escolar. Defendo a mala de histórias como caminho epistemológico e metodológico desobediente e transgressor em prol da construção e valorização de outros conhecimentos, nascidos de outras compreensões sobre mundo, que são consideradas inferiores. Assim, a Metodologia tem como finalidade ouvir e incluir outros sujeitos que também são históricos, no importante espaço de poder que representa institucionalmente a escola. Isso tudo potencializa que esse território de disputa ideológica se torne aparelho decolonial, num lugar outro de constituição identitária e subjetiva para todos, de fortalecimento principalmente para os marginalizados/colonizados.

A mala de histórias "Nossos passos vêm de longe: quando a História vem de casa" se constituiu como metodologia contra-hegemônica, desobediente e transgressora para a reformulação do ensino de história a partir da valorização das memórias normalmente silenciadas e marginalizadas pelo currículo escolar e oculto, com a escuta dos conhecimentos dos mais velhos das famílias dos alunos. Motiva-se a inclusão de conhecimentos e sujeitos normalmente excluídos dos espaços, dos currículos, das metodologias, dos processos educativos escolares. A mala é formada pelo caderno de memórias – em que as famílias registram suas narrativas – e uma bolsa, encapados com tecido africano ou étnico, com todos os recursos materiais necessários para a ocorrência dos registros. Há uma série de passos que precisam ser respeitados para o sucesso da metodologia, que deve envolver toda a comunidade escolar para a luta antirracista e decolonial.

Então, verificamos a necessidade de desenvolvermos uma Educação Antirracista, Etnoeducadora e Decolonial, e também uma Educação das Relações Étnico-Raciais, para, a partir de um novo ensino de história, potencializar este posicionamento político transformador, os fortalecimentos subjetivos e identitários, tanto individuais como coletivos, de todos os sujeitos brasileiros, desconstruindo subalternidades, educando desde as novas gerações ainda na Educação infantil. Utilizando também o conhecimento da história nacional que respeite e valorize plenamente a participação e constituição de nossa diversidade pluriétnica e multirracial. Cabe-nos, também, analisar nesta nova história como ocorreu a fundação da colonialidade brasileira, como foram tecidas as várias formas de racismos existentes. Uma História e uma Educação que nos mostre as variadas e abrangentes formas de resistências negras, de movimentos antirracistas, as resistências das mulheres negras dentro e fora das escolas. É imprescindível o nascimento de uma Educação e de uma História que veja e potencialize a todos como sujeitos históricos e sociais, construtores de uma realidade brasileira mais justa, com igualdade racial e justiça social, sem hierarquias, sem marginalizações, sem opressões, sem domínios, sem exceções.

Sigamos acreditando e construindo politicamente uma História e uma Educação outras, para que sujeitos plenos, respeitados, construam uma realidade diferente, pois nossos passos vêm e de longe!

REFERÊNCIAS

ABREU, Martha; SOIHET, Raquel (org.). Cultura política e leituras do passado: historiografia e ensino de História. Rio de Janeiro: Civilização Brasileira, 2007.

ABREU, Martha; MATTOS, Hebe. Remanescentes das Comunidades dos Quilombos: memória do cativeiro, patrimônio cultural e direito à reparação. Anais do XXVI Simpósio nacional de História – ANPUH. São Paulo, julho 2013.

AFREAKA, Arte Adinkra. Disponível em: http://www.afreaka.com.br/. Acesso em: 11 jul. 2017.

ALMEIDA, Laurinda Ramalho. Cognição, corpo e afeto. Revista Educação. História da Pedagogia. Henri Wallon: principais Teses. São Paulo, volume 3, p. 13-20, 2010.

ALMEIDA, A. R. S. A emoção e o professor: um estudo à luz da teoria de Henri Wallon. Psicologia: Teoria e Pesquisa, v. 13, n º 2, p. 239-249, mai/ago, 1997.

ALMEIDA, A. R. S. A emoção na sala de aula. Campinas: Papirus, 1999.

ARRAES, Jarid. Heroínas negras brasileiras: em 15 cordéis. São Paulo: Pólen, 2017.

ARTUNDUAGA, Luis Alberto. La etnoeducación: uma dimension do trabajo para la educación em comunidades indígenas da Colombia. Revista Iberoamericana de Educación. Número 13- Educación Bilingue Intercultural. 1997. Disponível em: https://rieoei.org/historico/oeivirt/rie13a02.htm. Acesso em: 1 set. 2018.

APPLE, Michael W. Educação e poder. [Trad.: Maria Cristina Monteiro]. Porto Alegre: Artes Médicas, 1989.

BRASIL, Ministério da Educação. Diretrizes curriculares nacionais para a educação das relações étnico-raciais e para o ensino de História e cultura afrobrasileira e africana. Brasília, 2004.

BRASIL, Ministério da Educação/Secretaria da Educação Continuada, Alfabetização e Diversidade. Orientações e ações para a Educação das Relações Étnico-Raciais. Brasília: SECAD, 2006.

BRASIL, Eric; MENDONÇA, Camila. Abolição e Abolicionismo. CADERNOS PENESB – Periódico do Programa de Educação sobre o Negro na Sociedade Brasileira. (n.12). Rio de Janeiro/Niterói: Ed ALTERNATIVA/EdUFF/2013.

BASE NACIONAL COMUM CURRICULAR. Disponível em: cnebncc.mec.gov. br/. Acesso em: 7 out. 2017.

BASE NACIONAL COMUM CURRICULAR. Porque a BNCC causa polêmica ainda. Disponível em: www.sobrehistoria.blog.br/textosqporque-bncc-causa-polêmica-ainda. Acesso em: 10 out. 2017.

CANDAU, Vera Maria Ferrão; OLIVEIRA, Luiz Fernandes de. Pedagogia Decolonial e Educação Antirracista e intercultural no Brasil. Educação em Revista. Belo Horizonte, v.26, n.01, p. 15-40, abr. 2010.

CANDAU, V. M. F.; MOREIRA, A. F. Currículo, conhecimento e cultura. Documento em versão preliminar, 2006.

CAMPOS, Andrelino. Do Quilombo à Favela: a produção do "espaço criminalizado" no Rio de Janeiro. Rio de Janeiro: Bertrand Brasil, 2007.

CAVALLEIRO, Eliane dos Santos. Do Silêncio do Lar ao silêncio escolar: racismo, preconceitos e discriminação na educação infantil. São Paulo: Editora Contexto, 2004.

CAVALLEIRO, Eliane dos Santos. (org.). Racismo e Anti-racismo na educação: repensando a escola. São Paulo. Selo Negro, 2001.

CARVALHO, José Jorge. Inclusão étnica e racial no Brasil: a questão das cotas no ensino superior. 2 ed. São Paulo: Attar Editorial, 2006.

CESAIRE A. Discurso sobre a Negritude. Belo Horizonte: Nandyala, 2010.

CRUZ, Tereza Almeida. Um estudo comparado das relações ambientais de mulheres da floresta do vale do Guaporé (Brasil) e do Mayombe (Angola) – 19802010. 2012.367 f. Tese (doutorado em História) – Curso de Pós-graduação em História, Universidade Federal de santa Catarina, Florianópolis, 2012.

CUNHA JÚNIOR, Henrique. A formação de pesquisadores negros: o simbólico e o material nas políticas de ações afirmativas. *In:* SILVA, Petronilha Beatriz Gonçalves; SILVÉRIO, Valter Roberto (org.). Educação e ações afirmativas: entre a injustiça simbólica e a injustiça econômica. Brasília: Instituto nacional de Estudos e Pesquisas Educacionais Anísio Teixeira, 2003, p. 153-160.

DANTAS, Carolina Vianna. O "Brasil café com leite": debates intelectuais sobre mestiçagem e preconceito de cor das primeiras décadas republicanas. Rio de Janeiro: Tempo, v.13, jan./jun. 2009.

DANTAS, Carolina Vianna. Racialização e mobilização negra nas primeiras décadas republicanas. CADERNOS PENESB, Niterói, n. 12, 4ª ed., p. 135- 146, 2013.

DANTAS, Carolina Vianna. MATTOS, Hebe; ABREU, Martha (org.). O negro no Brasil: trajetórias e lutas em dez aulas de história. Rio de Janeiro: Objetiva, 2012, p. 85-98.

DANTAS, Heloisa. A Afetividade e a Construção do Sujeito na Psicogenética de Wallon. *In:* TAILLE, Yves de La; OLIVEIRA, Marta Kohl de; DANTAS, Heloísa. Piaget, Vygotsky e Wallon: teorias psicogenéticas em discussão. São Paulo: Summus, 1992, p. 85-98.

DAVIS, Angela. Mulheres, Raça e Classe. São Paulo: Bomtempo, 2016.

DEFINIÇÃO DE COMUNIDADE RAIZAL. Disponível em: http://www.urosario. edu.co/jurisprudencia/catedra-vivaintercultural/ur/ ComunidadesE tnicas-de- -Colombia/Comunidad-Raizal/. Acesso em: 1 set. 2018.

DU BOIS, W. E. As almas da gente negra. São Paulo: Editora Lacerda, 1999.

DUSSEL, Enrique. Europa, modernidade e eurocentrismo. *In:* LAUDER, Edgardo. (org.). A colonialidade do saber: eurocentrismo e ciências sociais. Perspectivas latino- americanas. Buenos Aires: Clacso, 2005, p. 55-70.

ESTEBAN, Maria Teresa e ZACCUR, Edwiges. Professora-pesquisadora – uma práxis em construção. Rio de Janeiro: DP&A, 2002.

EVARISTO, Conceição. Poemas da recordação e outros movimentos. Belo Horizonte: Nandyala, 2008, 3. ed. Rio de Janeiro: Malê, 2017.

FEREIRA, Aparecida de Jesus. Educação Antirracista e práticas em sala de aula: uma questão de formação de professores. Cuiabá: Revista Educação Pública, V. 21, nº 26, maio/agosto, 2012, p. 275-288.

FLAUZINA, Ana Luisa Pinheiro. Corpo negro caído no chão: O sistema penal e o projeto genocida do estado Brasileiro. Rio de Janeiro: Contraponto, 2008.

FREIRE, Paulo. Pedagogia da autonomia: saberes necessários à prática educativa. São Paulo: Paz e Terra, 1996. (Coleção Leitura).

FREIRE, Paulo. Pedagogia do oprimido. 27 ed. Rio de Janeiro, Paz e Terra, 1987.

FREIRE, Paulo. Educação como prática da liberdade. 10 ed. Rio de Janeiro: Paz e Terra, 1980.

FREIRE, Paulo. Ação cultural para a liberdade. 4 ed. Rio de Janeiro: Paz e Terra, 1979.

FREYRE. Gilberto. Casa Grande & Senzala: formação da família brasileira sob o regime de economia patriarcal. Rio de Janeiro: Maia & Schmidt, 1933.

GIROUX, Henry A. Os professores como intelectuais: rumo a uma pedagogia crítica da aprendizagem [Trad.: Daniel Bueno]. Porto Alegre: Artes Médicas, 1997.

GOODSON, Ivor F. Dar voz ao professor: as histórias de vida dos professores e o seu desenvolvimento profissional. *In:* NÓVOA, Antônio. (org.). Vidas de professores. 2ed. Porto Editora: 2007, p. 63-78.

GOODSON, Ivor F. Ensino, currículo, narrativa e o futuro social. *In:* As políticas de currículo e de escolarização: abordagens históricas. Petrópolis – RJ: Vozes, 2008, p. 141-157.

GOODSON, Ivor F. Ensino, currículo, narrativa e futuro social. Revista Brasileira de Educação. V.12, n. 35, maio/agosto, 2007.

GOODSON, Ivor F. História do currículo, profissionalização e organização social do conhecimento; um paradigma alargado para a história da educação. *In:* O currículo em mudança; estudos na construção social do currículo. Porto Alegre: Porto, 2001.

GOMES, Joaquim Barbosa. Ação afirmativa & princípio constitucional da igualdade. São Paulo: Renovar, 2001.

GONZALEZ, Lélia. Entrevista à revista SEAF, Republicana em: UAPÊ REVISTA CULTURA, N.º 2. "EM CANTOS DO BRASIL". A Democracia Racial: uma militância.

GONZALEZ, Lélia. Livros e textos de Lelia Gozalez. Disponível em: http://www.geledes.org.br/livros- e-textos-de-leliagonzalez/. Acesso em: 19 jan. 2017.

GRAMSCI, Antonio. Cadernos do cárcere. V. 2, 4. Ed. Rio de Janeiro, Civilização Brasileira, 2006.

GRAMSCI, Antonio. Um estudo sobre o pensamento político. Rio de Janeiro, 1991.

GRAMSCI, Antonio. Os intelectuais e a organização da cultura. Rio de Janeiro: Civilização Brasileira, 1982.

GUIMARÃES, Antônio Sérgio Alfredo. Classe, raça e democracia. São Paulo: Fundação de apoio à Universidade de São Paulo; Ed. 34, 2002.

GUIMARÃES, Antônio Sérgio Alfredo. Racismo e anti-racismo no Brasil. São Paulo: Editora, 34, 1999.

HALL, Stuart. DA DIÁSPORA: Identidade e mediações culturais. Belo Horizonte: UFMG, 2013.

HANCHARD, Michael George. Orfeu e o Poder: o movimento negro no Rio de Janeiro e São Paulo (1945-1988). RJ: EdUERJ, 2001.

HEYMANN, Luciana Quillet. O "devoir de mémoire" na França contemporânea: entre memória, história, legislação e direitos. Rio de janeiro: CPDOC, 2006, 27f.

HOOKS, Bell. Ensinando a transgredir: A Educação como prática da liberdade. São Paulo: 2017.

HOOKS, Bell. Vivendo de amor. [Trad.: Maísa Mendonça]. Disponível em: http:// naluidread.blogspot.com/2008/06/vivendo-de-amor-bell-hooks-o-amor-cura_9183.html. Acesso em: 10 mar. 2011.

KOSELLECK, Reinhart. Futuro Passado. Contribuição à semântica dos tempos históricos. Rio de Janeiro: Contraponto: Editora da PUC, p. 305- 327.

LACOMBE, Américo Jacobina; SILVA, Eduardo; BARBOSA, Francisco de Assis. Rui Barbosa e a queima dos arquivos. Rio de Janeiro: Casa de Rui Barbosa, 1988.

LE GOFF, J. História e memória. Campinas: Editora da Unicamp, 1996.

LOPES, Ana Lúcia. Currículo, Escola e Relações étnico-raciais. *In:* AFRICANIDA-DES- BRASIL. Ministério da Educação. Brasília, CEAD, 2007, p. 9-31.

MARÇAL, José Antônio. A formação de intelectuais negros (as): políticas de ação afirmativa nas universidades brasileiras. Belo Horizonte: Nandyala, 2012.

MIGNOLO, Walter. Histórias Globais projetos Locais. Colonialidade, saberes e ciências sociais. Perspectivas latino-americanas. Belo Horizonte. Ed. UFMG, 2003.

MIGNOLO, Walter. A colonialidade de cabo a rabo: o hemisfério ocidental no horizonte conceitual da modernidade. *In:* LANDER, Edgard. (org.). A coloniali-dade do saber: eurocentrismo e ciências sociais. Perspectivas latino-americanas. Buenos Aires, 2005.

MIRANDA, Claudia; RIASCOS, Fanny Milena Quinõnes. Pedagogias Decoloniais e Interculturalidades: Desafios para uma Agenda Educacional Antirracista. Educação em Foco, Juiz de Fora, v. 21, n. 3, p. 545-572, 2016.

MIRANDA, Claudia; AGUIAR, Francisco Lopes; DI PIERO, Maria Clara, (org.).Bibliografia básica das relações raciais e Educação. Rio de Janeiro: DP&A, 2004.

MONTEIRO, Ana Maria. Os saberes que ensinam: o saber escolar. Professores de História: entre saberes e práticas. Rio de janeiro: Mauad X, 2010.

MONTEIRO, Ana Maria. Tempo presente no ensino de história: o anacronismo em questão. In: GONÇALVES, Marcia de Almeida; ROCHA, Helenice; MONTEIRO, Ana E. et al. (org.). Qual é o valor da história hoje? Rio de Janeiro: FGV, 2010, p. 191- 214.

MOORE, Carlos. Racismo & Sociedade: Novas bases epistemológicas para entender o Racismo. São Paulo: Nandayala, 2012.

MOREIRA, A. F.; SILVA, T. T. Sociologia e teoria crítica do currículo: uma introdução. In: MOREIRA, A. F.; SILVA, T. T. (org.). Currículo, cultura e sociedade. 6a. ed. São Paulo: Cortez (1994), 2002, p. 7-38.

MOURA, Clóvis. Brasil: as raízes do protesto negro. São Paulo: Global, 1983.

MUNANGA, Kabenguele. Mestiçagem e identidade afro-brasileira. Cadernos PENESB, Niterói: EdUFF, n.1, 1999.

MUNANGA, Kabenguele. Construção da Identidade negra no contexto da globalização. In: CADERNOS PENESB, Niterói: EdUFF, n. 4, p. 61-83, 2002.

MUNANGA, Kabenguele. Uma abordagem das noções de Raça, Racismo, Identidade e Etnia. In: BRANDÃO, André Augusto P. (org.). Programa de Educação sobre o Negro na sociedade brasileira. Niterói: EdUFF, n, 6, p. 16-34, 2004.

MUNANGA, Kabenguele; GOMES, Nilma Lino. O Negro no Brasil de hoje. São Paulo: Ação Educativa, 2006.

MUNANGA, Kabenguele. Rediscutindo a mestiçagem no Brasil: identidade nacional versus identidade negra. 3 ed. Belo Horizonte: Autêntica Editora, 2008.

MUNANGA, Kabenguele. Teoria social e relações raciais no Brasil Contemporâneo. In: GONÇALVES, Maria das Graças e MÜLLER, Tânia Mara Pedroso. (org.). CADERNOS PENESB – Periódico do Programa de Educação sobre o Negro na Sociedade Brasileira, n. 12, p. 164-197. Rio de Janeiro/Niterói: Ed ALTERNATIVA/ EdUFF, 2013.

NASCIMENTO, Abdias do. O Quilombismo. Petrópolis: Ed. Vozes, 1980.

NASCIMENTO, Abdias do. O Brasil na mira do pan-africanismo. 2 ed. Das obras. O Genocídio do negro brasileiro e Sitiado em lagos. Salvador: EDUFBA: CEAO, 2002.

NASCIMENTO, Abdias do. O genocídio do povo negro: processos de um Racismo Mascarado. 1ª Reimpr. 2. Ed. São Paulo: Perspectiva, 2017.

NASCIMENTO, Elisa Lark; GÁ, Luiz Carlos. Adinkra: sabedoria em símbolos africanos. Rio de Janeiro: Pallas, 2009.

NOGUEIRA, Oracy. Preconceito de marca: as Relações Raciais em Itapetininga. São Paulo: Edusp, 1979.

NOGUEIRA, Oracy. Preconceito de marca e preconceito de origem: sugestão de um quadro de referência para interpretação sobre o material de relações raciais no Brasil. São Paulo: Tempo Social, revista de Sociologia da USP, novembro de 2006, V.19, n.1, p. 287-308.

OLIVEIRA, Iolanda e SACRAMENTO; Mônica Pereira de. Raça, currículo e práxis pedagógica, relações raciais e Educação: o diálogo teoria/prática na formação de profissionais do Magistério. *In:* GONÇALVES, Maria das Graças e MÜLLER, Tânia Mara Pedroso. (org.). CADERNOS PENESB – Periódico do Programa de Educação sobre o Negro na Sociedade Brasileira. (n.12), p. 200- 280. Rio de Janeiro/Niterói: Ed ALTERNATIVA/EdUFF/2013.

OLIVEIRA, Maria Marly de. Como fazer pesquisa qualitativa. 7. ed. Revista e atualizada. Petrópolis, RJ: Vozes, 2016.

PEREIRA, Amilcar. Movimento Negro no Brasil Republicano. CADERNOS PENESB, Niterói, n. 12, 4ª Edição, p. 147- 154, 2013.

PEREIRA, Matheus. Quilombos e fugas. *In:* DANTAS, Carolina Vianna; MATTOS, Hebe. ABREU, Martha (org.). O negro no Brasil: trajetórias e lutas em dez aulas de história. Rio de Janeiro: Objetiva, 2012, p. 33-42.

POLLACK, Michel. Memória, Esquecimento, Silêncio. Revista Estudos Históricos. V.2, n.3, 1989. p. 3-15.

POLLACK, Michel. Memória e identidade social. Revista Estudos Históricos. V. 5, n. 10, 1992, p. 200-212.

QUIJANO, Aníbal. La colonialidad del poder, eurocentrismo y América latina. *In:* LANDER, E. (org.). La colonialidad del saber:eurocentrismo y ciências sociais. Perspectivas Latinoamericanas. Buenos Aires, CLACSO, 2005.

RATTS, Alex, DAMASCENO, Adriana A., Participação africana na formação cultural. *In:* UNIVERSIDADE DE BRASÍLIA. Curso de Educação em Extensão - Africanidades - Brasil. BRASÍLIA: CEAD, 2006.

REIS, João José. O rol dos culpados: notas sobre um documento da rebelião de 1835. Anais do Arquivo Público do estado da Bahia, v. 48. 1996.

RICOUER, Paul. Tempo e Narrativa: O Tempo Narrado. Volume 3, São Paulo: Martins Fontes, 2010.

RODRIGUES, Nina. Os africanos no Brasil. 4ª Edição. São Paulo: Cia Ed. Nacional, 1976.

SANT'ANA, Antonio Olímpio de. História e conceitos básicos sobre racismo e seus derivados. *In:* MUNANGA, Kabenguele (org.). Superando o Racismo na escola. 2 ed. Ver. Brasília: Ministério da Educação, Secretaria de Educação Continuada, Alfabetização e Diversidade, 2005.

SANTOS, Joel Rufino dos. Do saber negro. Rio de Janeiro: Pallas, 2015.

SANTOS, Rocío Vera. Identidade e Etnoeducação como estratégia de representação e posicionamento político dos afro-equatorianos. *In:* PEREIRA, Amilcar Araújo. Por uma autêntica democracia racial? Os movimentos negros nas escolas e nos currículos da História. Revista História Hoje, v. 1, p. 111-128, 2015.

SCHWARCZ, Lilia M. O espetáculo das raças: cientistas, instituições e questão racial no Brasil, 1870-1930. São Paulo: Companhia das Letras, 1993.

SCHWARCZ, Lilia M. Racismo no Brasil. São Paulo: Publifolha, 2001.

SEVERINO, Antônio Joaquim. Metodologia do trabalho científico. 21, ed. re. e ampl. São Paulo: Cortez, 2000.

SILVA, Ana Célia da. Desconstruindo a Discriminação do Negro no livro didático. Salvado: Universidade Federal da Bahia, EDUFBA, 2010.

SILVA, Ana Célia da. A representação do Negro no Livro Didático: o que mudou? Por que mudou? Salvador: Universidade Federal da Bahia, EDUFBA, 2011.

SILVA, Martiniano J. Racismo à Brasileira: Raízes Históricas. GOIÁS: THE-SAURUS, 1986.

SILVA, Joselina da. A União dos Homens de Cor: aspectos do movimento negro dos anos 40 e 50. Estud. afroasiát. [online]. 2003, vol.25, n.2, p. 215-235. ISSN 0101546X.

SILVA, Petronilha Beatriz Gonçalves e. Aprender, ensinar e relações étnico-raciais no Brasil. Porto Alegre/RJ, ano XXX, n. 3 (63), p. 489-506, set. /dez. 2007.

SILVEIRA, Daniel. População que se declara preta cresce 14,9% no Brasil em 4 anos, aponta IBGE. Disponível em https://www.geledes.org.br/populacao-que--se-declara-preta- cresce-149-no-brasil-em-4-anos-aponta-ibge/. Acesso em: 28 out. 2018.

SILVEIRA, Daniel. População que se declara preta mantém tendência de crescimento no país, aponta IBGE. Disponível em https://g1.globo.com/economia/noticia/populacao-que-se-declara-preta-mantem-tendencia-de-crescimento--no-pais-aponta-ibge.ghtml. Acesso em: 28 out. 2018.

SODRÉ, Muniz. Claros e escuros: identidade, povo e mídia no Brasil. Petrópolis: Vozes, 1999.

SOUZA, Neusa Santos, Tornar-se negro ou As Vicissitudes da Identidade do Negro Brasileiro em Ascensão Social. Rio de Janeiro: Edições Graal, Coleções Tendências, 1983.

TELLES, Eward. Racismo à brasileira: uma nova perspectiva sociológica. Rio de Janeiro: Relumé Dumará/Fundação Ford, 2003.

TRINDADE, Azoilda Loretto da. Racismo no Cotidiano Escolar. Dissertação de Mestrado em Educação. Rio de Janeiro: Fundação Getúlio Vargas, 1994.

TRINDADE, Azoilda Loretto da. O impacto do Racismo na Educação. Ano XXI, Boletim 05. Edição Especial. TV Escola: maio, 2011.

TROYNA, Barry; CARRINGTON, Bruce. Education racism and reform. LONDON: Routledge, 1990.

VIANA, Larissa. Festas e irmandades negras no Brasil. *In:* DANTAS, Carolina Vianna; MATTOS, Hebe e ABREU, Martha (org.). O negro no Brasil: trajetórias e lutas em dez aulas de história. Rio de Janeiro: Objetiva, 2012, p. 45-53.

WALLON, H. A evolução psicológica da criança. Lisboa: Edições 70, 1968.

WALLON, H. Psicologia e educação da infância. Lisboa: Editorial Estampa, 1975.

WALLON, H. A evolução psicológica da criança. São Paulo: Martins Fontes, 2007.

WALSH, C. Interculturalidad y colonialidad del poder: un pensamento y posicionamento otro desde la diferencia colonial. *In:* LINEA, A.; MIGNOLO. W.; WALSH, C. Interculturalidad, descolonización del Estado y del conocimiento. Buenos Aires: Del signo, 2003.

WALSH, C. Introducion – (Re)pensamiento crítico y (de)colonialidad. *In:* WALSH, Catherine. (org.). Pensamiento crítico y matriz (de)colonial. Reflexiones latioamericanas. Quito: Ediciones Abya-yala, 2005, p. 13-35.

WALSH, C. (org.). Pedagogías Decoloniales: prácticas insurgentes de resistir, (re) existir y (re)vivir. 1 ed., Equador: Abya Yala, v. 1, p. 15-18, 2013.

ZAFFARONI, Eugênio Rául. Em busca de penas perdidas: a perda de legitimidade do sistema penal. Trad.: Vânia Romano Pedrosa e Amir Lopez da Conceição. 5 ed. Rio de Janeiro: Revan, 2001.

ZAFFARONI, Eugênio Rául; BATISTA, Nilo; ALAGIA, Alejandro; SLOKAR, Alejandro. Direito penal brasileiro. VI: Teoria geral do direito penal. 2 ed. Rio de Janeiro: Revan, 2003.